生活科の原点を探究する

金岩俊明 著

黎明書房

まえがき

生活科が誕生したのは，バブル景気のなかの 1989 年 (平成元年) に改訂された学習指導要領である。当初は，厳しい逆風や賛否両論がありながらも，平穏な平成時代においてその原型を維持しつつ低学年の一教科として逞しく生き抜き，教科としての意義を高めていった。そして，令和時代に入り，幼児教育との接続に関わる関心の高まりを受け，学習指導要領で明示されたスタートカリキュラムのコア教科として，その存在感が増していると考える。このような生活科教育の成功は，生活科新設の 10 年後に総合的な学習の時間を生み出した。その総合的な学習の時間の目標や学習方法が，現在，学校現場で実践研究が進んでいる「主体的・対話的で深い学び」(アクティブ・ラーニング) に繋がったのである。

さて，筆者は 1988 年 4 月，勤務していた大阪市立五条小学校で理科教育を研究していた際に，文部省の生活科の研究指定を受け，実施に先だつ研究開発を行い研究発表会でその成果を公表するようにとの伝達を受けた。生活科の動向について十分な情報を持ち合わせていなく，大きな衝撃を受け混乱したのであるが，同時に新設の教科についての先行研究に従事できるとの期待で胸を膨らませたことを今でも鮮明に覚えている。

その後，低学年の担任を繰り返し，授業開発を進めながら生活科の実践研究を行ってきた。研究の過程で，同じ文部省指定校の富山県の砺波小学校の研究発表会に参加した際，「生活科の生みの親」とされる文部省教科調査官の中野重人氏の講演に深く感銘した。中野氏は，「生活科は小学校教育を変えていく教科であり，授業の在り方を変える」と話され，その壮大な生活科の構想に強く心を動かされた。

その頃は学級担任として学年の先生方と生活科の授業実践を楽しんでいたのであるが，手探りの状態であった。ただ，来るべき 21 世紀の教育創造に携われるという嬉しさで先生方とカリキュラムや独自の教材を開発し，授業公開をしていくことに更に拍車がかかった。その後，大阪市小学校教育研究会生活部の研究活動では，大阪ならではの生活科について議論し，研究部の先生方と「大阪プラン」を作成した。その過程では，生活科に夢をもち日々研究に全力投球される素晴らしい先生方に出会うことができた。このように，生活科との出会いを通して，「教育とは何か」「子どもとは何か」「授業とは何か」を追い求め，現在は大学で養成教育に携わり，生活科の魅力を学生の皆さんに伝えている。

さて，本書『生活科の原点を探究する』は，そのような生活科研究の経過を振り返り，生活科本来の原点を8つの視点から確認するため，これまでの実践研究や研究論文を再編し，新たな内容を加えて作成した。

生活科の原点という本書のテーマであるが，生活科教育の基礎理論として，遊びや探究の原理を示し，基本的な学習論を構成した。さらに，我が国における生活科のルーツを大正自由教育運動以降に求め，創生期の実践や幼児教育との連携の視点を整理し，現行の学習指導要領に繋げた。また，生活科を学んだ学生の生活科に対するイメージを明らかにし，養成教育における模擬授業やフィールドワークの実践を紹介した。

本書は，生活科の実践を紹介した書ではないが，生活科の理論的背景を探り，現行の生活科学習の方向性に関しての理解を進めるため，教科の原点に戻っていくつかの手がかりは提供できると考えている。

なお，生活科研究等に共に携わった先生方や，学校現場で実践を進めているゼミ卒業生から，生活科に対しての熱い思いをコラムにて届けていただいた。ご多忙の中，快くご協力いただき深謝します。

本書の執筆に際し，兵庫教育大学名誉教授　田中亨胤先生には，懇切丁寧なご指導ご助言を賜り，神戸女子大学教授　三宅茂夫先生からも幼児教育の視点から大きなご示唆をいただき，厚く感謝申し上げます。

最後になりましたが，刊行に際しまして，黎明書房の伊藤大真様には，細部にわたり懇切丁寧なご支援を賜り，謝意を表します。

2021年（令和3年）11月

著 者

目次

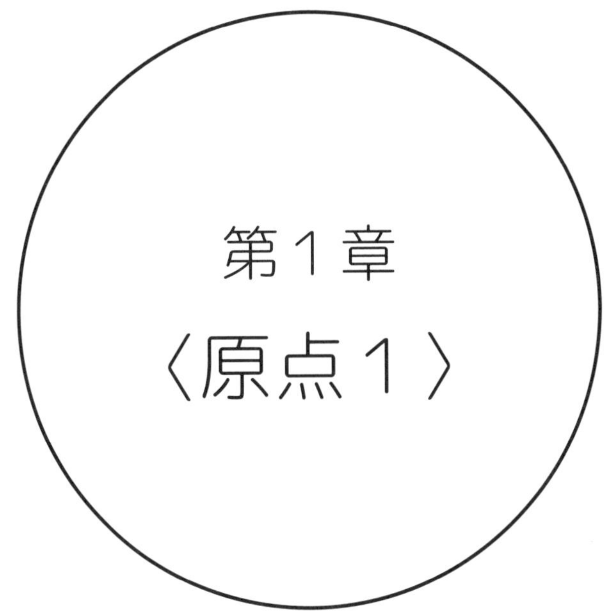

第1章 〈原点1〉

遊びの理論から

生活科は，自由遊びも学習として認めた。遊びの動機は学習の動機につながり，遊びのもつ遊戯性は，生活科における教育原理として活かすことが必要である。

1節 遊びの動機

1. はじめに

遊びは，幼稚園教育でもそうであるように，自由で自発的活動であるところに最大の特質がある。この遊びのもつ自発性を幼児教育と連続させる生活科教育の原理として援用するためには，遊びの種類や外的要素を説明するだけでは十分ではなく，「子どもはなぜ遊ぶか」という遊びの動機に着目し，内的要因を解明する必要があろう。それは，生活科の活動場面において，教師は一定の遊びを与え児童を指導するものではなく，遊びが引き起こされるような環境を設定することが重要であるとする間接的教育の立場からも賛同されよう。

遊びの理論を統合したエリス (Ellis,M.J.)(1973) は，「遊びとは覚醒水準を最適状態に向けて高めようとする欲求によって動機づけられている行動である[1]」と定義し，遊びを説明する際に，遊びの動機説を強調した。それは，ホイジンガー(Huizinga,J.) から始まる古典的な遊び研究が，遊びの説明的解釈に止まっていたことに対する警告でもある。また，遊びは人間の行動において単に手段化あるいは形式化されるべき付随的な営みではなく，それ自体が本来の人間の生得的行動であり発達を支える価値のある営みであるとする見解に基づいていた。

さて，エリスは遊びの動機論を展開するにあたり，「刺激 - 追求説」および，「能力 - 効力説」を示している。そこで，これらの理論の内実を探究することにより，遊びが目指す本質に迫る。

2. 刺激 - 追求説

人間は，そもそも緊張や困難を避ける存在ではなく，むしろ自ら刺激を求め適度な緊張や困難を求めるものである。また，外的な強化によらず，自分から進んで困難な課題に熱中し好奇心を充足する動機により学習が進められる。このような内からの発動による動機づけが，内発的動機づけ（intrinsic motivation）であり，ブルーナー（Bruner,J.S.）(1966) は，「その動機によって推進される活動以外の外的な報酬に依存しないもの[2]」と説明している。

このように，人間は本来的に刺激を追求することに対して強い欲求をもっていることは，覚醒水準を維持する機能と密接に関係する。バーライン（Berlyne,D.E.）(1965) は，「覚醒水準は，有機体がどのくらい機敏な状態，動員状態，あるいは広く覚醒した状態にあるのかを示す変数であり，その価は主として網様体と大脳皮質との相互作用に依存するものと思われる[3]」と述べ，覚醒が高められるのは「新奇な，意外な，複雑な，あるいは当惑されるような刺激パターンに出会うこと[4]」で，それは，網様体と大脳皮質との相互作用が覚醒を維持するメカニズムに基づくものであると説明する。また，エリスもその特質を「動物の一般的な賦活あるいは覚醒の向上は，最初，ある最適水準に達するまで遂行を高め，それ以上覚醒が高まるとその後は遂行をおさえる。覚醒されすぎると，おそらく反応が何らかの点で混乱してしまうために，遂行に支障をきたすということは起こりうる[5]」との仮説から，動物には最適覚醒の領域が存在するという考えを図1-1のような「逆U字モデル[6]」に表している。

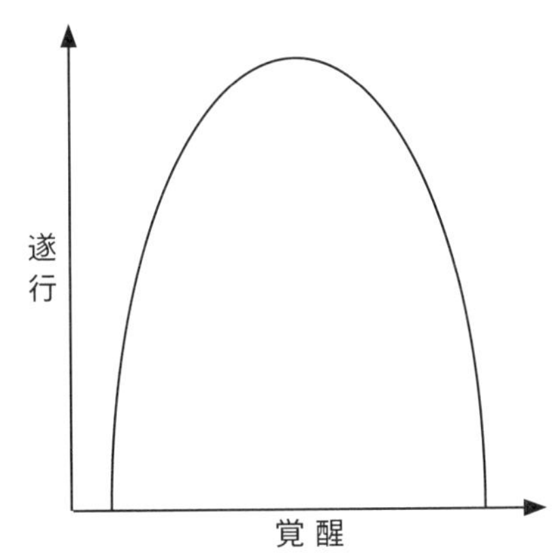

図1-1　覚醒と遂行の逆U字モデル
(エリス (1973)『人間はなぜ遊ぶか』を参考に作成)

エリスは刺激 - 追求活動と遊びとの関連について，それらが極めて優勢な動因を満たそうとする欲求によって占有されないときに生じることや，積極的な感情を伴っていること，さらには環境あるいは経験の象徴的表象についての探索活動や調査活動，操作活動を含むという類似性[7]にあると説明する。そこで，小学校教育において，自由遊びを学習として初めて認めた生活科にあっては，内的に動機づけられた遊びを求めるために，その条件として，個人の特性に応じて適切な覚醒や刺激が得られる環境を準備することがその要件となってくる。

森(1992)は，環境について，「環境は，児童の側からの探索→調査→操作→認識という一連のはたらきかけに対して，新奇性，複雑性，応答性，問題性といった性質を備えていなくてはならない。そうでないと，学習も遊びも発展しないであろう[8]」と述べ，バーラインの特殊的好奇心における刺激特性の理論を基に，自発的な活動として遊びを発動させるためには，半構造的な環境が準備されなければならないと提案した。

3. 能力 - 効力説

エリスは，覚醒 - 追求行動は，新奇性が失われた後に低減するものの，それに続き，操作的で環境に影響を及ぼす反復的で型にはまらない行動があると考えている。そして，この行動をホワイト(White,R.W.)の行動理論により解明し，能力 - 効力説では，行動は環境の中での結果を統制したり生み出したりする能力を証明しようとする欲求によって動機づけられると規定した[9]。

能力とは，環境と効果的に相互作用する有機体の能力で，効力とは，能力を達成しようとする試みを支える動機である。能力と効力の関係は，エリスによれば，能力は効力によって動機づけられた世界との相互作用から生じると考えられている[10]。

森は，能力とは広い意味では「環境処理能力」になるとして，教師主導のS-R理論による学習ではなく，子どもの「環境処理能力」の効き目を確かめること(効力感)が，感動体験につながることを教育の原理に据えなければならないとしている[11]。この見解は，幼稚園教育における遊びや，それと接続する小学校低学年の生活科における具体的な活動や体験が児童固有の感情をからめた分かり方に基づいていることと重なり，今回の学習指導要領で各教科等の学習指導において資質・能力の3

つの柱を重視することが提起されたこととも関連が深い。

4. 動機論による子ども観

遊びの動機論を，学習における動機付けにつながる原理としてや，活動継続の源泉として認め教育の場において支持するならば，基本原理である環境による保育論や教育論が，本理論の根本を忠実に表現していると考えられる。つまり，子どもは遊びにおいて最適覚醒を求め，自ら刺激を求める存在であり，環境に作用を及ぼす能力を確認することにより感動を覚え，更に相互作用を繰り返すという学習が成立することで，自立的な存在となる。このように，遊びの動機論を積極的に受容することが，幼小連携の遊びと学習の接点を見出し，子どもの側に立つ教育の出発点とされなければならない。

参考文献・引用文献

1 Ellis,M.J./森楙・大塚忠剛・田中亨胤訳(1985)『人間はなぜ遊ぶか』黎明書房,p.195.
2 Bruner,J.S./田浦武雄・水越敏行訳(1966)『教授理論の建設』黎明書房,p.153.
3 Berlyne,D.E./橋本七重他訳(1970)『思考の構造と方向』明治図書,p.293.
4 Berlyne,D.E./橋本七重他訳(1970)『同上書』,p.293.
5 Ellis,M.J./森楙・大塚忠剛・田中亨胤訳(1985)『前掲書』,p.161.
6 Ellis,M.J./森楙・大塚忠剛・田中亨胤訳(1985)『前掲書』,p.162.
7 Ellis,M.J./森楙・大塚忠剛・田中亨胤訳(1985)『前掲書』,p.193.
8 森楙(1992)『遊びの原理に立つ教育』黎明書房,pp.46-47.
9 Ellis,M.J./森楙・大塚忠剛・田中亨胤訳(1985)『前掲書』,p.179.
10 Ellis,M.J./森楙・大塚忠剛・田中亨胤訳(1985)『前掲書』,pp.181-182.
11 森楙(1992)『前掲書』,pp.47-49.

2節 遊戯性の重視

1. デューイにおける遊び論

(1) 遊びの定義

デューイ (Dewey,J.) (1899) は，遊びについての一般的見解として，「遊びは，子どもが外面的に行うことと同じと考えない。むしろ，遊びはその全体性とその統一性において，精神的な態度を示している。遊びは，子ども自身が自分のイメージと興味を満足させるために何かの形によって実際に再現する子どもの全ての力・全ての考え・全ての運動としての自由な活動であり，相互作用である[1]」と述べる。この見解は，遊びの全体性を見つめる際には，外面的形態よりも，遊ぶ主体である子どもの内的な心理状態に関心が払われなければならないとすることを指摘するものである。

一方で，デューイは遊びを二通りに解釈している。その一つ，消極的な解釈ではあるが，経済的圧迫や仕事からの解放であり，これは古典的なグロース (Groos,K.) らの「気晴らし説」に通じるものとされる。また，積極的な解釈は，「子どもにとって最高の目的は，十分に成長することで，芽生えつつある力を十分に実現することであり，それにより子どもを現段階より次の段階へと成長させる事を意味する[2]」のである。つまり，子どもの本質的な衝動は遊びそのものに表れるのであり，遊びは子どもの全体的な発達を促す教育的な営みであると規定できる。

(2) 遊びの意義

遊びの意義を考察すると，二つの面から捉えることができる。一つ目は，遊びにおいて，知性的活動の基礎的なものとして概念の蓄積が規定され確立されることである。デューイ (1933) は，「事物が意味をもつとき，事物が他の事物を表象するものとしての象徴能力を獲得するとき，遊びは単なる身体活動の溢れだしから，精神的要素を含む活動へと変化する[3]」と考えられ，デューイは，「人形を壊した少女が，人形の足を持って風呂に入れたり，ベッドに寝かせたり，その他その人形が壊れる前にしていたお世話を為すのが見られた。足という部分が，人形全体を意味した。彼女は，感覚的に現在の刺激に反応せず，感覚対象によって暗示される意味に反応した[4]」と具体例を挙げ，遊びの内実について事例を挙げて詳しく記述している。

つまり，子どもが，目の前の事象だけにとらわれることなく，これまでの経験や，現実の事物の特徴から暗示された意味をも含んだ反応を行うことにより象徴能力が獲得され，それが概念の蓄積につながるとする。デューイは，こうした遊びの姿を「子どもは，人形や列車やブロックやその他の玩具を使う。子どもは，それらを扱うことにおいて，物質的な物だけとしての反応はしないで，これらのものによって呼び起こされる自然的かつ社会的な広い意味の世界に住んでいる。よって，子どもが馬で遊び，お店ごっこをし，お家ごっこをし，あるいは歓喜の声をあげる時，彼らは，現実に存在する物を観念的に表象しうる物に従属させている[5]」と分析し，子どもの遊びというものは，内的に意味付けられる価値のある活動である点を明確にしている。

遊びの意義の二つ目は，前述の意味的存在がばらばらのものではなく，組織的に配列され，連続的道筋として習慣化されることにある。デューイによると「子どもの最も空想的な遊びは，必ずしも種々の意味的存在を相互に適合させることと妥当性とを失ってはいない。自由奔放な遊びでも，いくらかの一貫性と統一の原則が観察される。そのような遊びも，はじめ，中，終わりがある[6]」のであり，遊びには物語に存在する筋道に似たものがあり，遊びにおいて子どもの意識の中には目的性が明瞭に確立されているという。

(3)　遊びが成立する条件

このような遊びが構成されるための第一の条件は，先ず，子どもの自然性が尊重されなければならないとするものである。デューイ (1916)

は，シカゴ大学附属小学校の実践と関連づけて，「低学年の特有の問題は，言うまでもなく子どもの自然な衝動や本能をとらえることであり，また，それらを適用して，子どもが知覚と判断力の一層高い段階に引き上げられるようにしてやり，また，その意識を拡大深化し，行動の様々な力に対する制御を増大するようにしてやることである[7]」と，遊びを導く原理を説明している。つまり，デューイによると子どもの自然な衝動や本能が認められない場合，遊びは教育的に価値のあるものとならず，子どもの成長には役に立たないということである。これは，前節において遊びの動機論を問題にしたことを支持する見解となる。

第二の条件は，使用される教材が自然かつ直接的な物でなければならないとする点である。デューイは，当時の幼稚園における子どもの活動の意味を問うている。多くの幼稚園で，現実生活において子どもが使用しているものではなく，例えば，幼稚園において「恩物」のような，巧みに仕立てられたものを使っていると警告している。そして，デューイは，子どもは遊びにおいて現実の物を使い，そこから暗示を受け意味を結合していくのであるから，遊びに使う物（教材）は，生活にある物，言い換えれば，できるだけ自然で直接的な物が望ましいとした。そのような考えに基づくと，幼稚園や小学校の任務としては，望ましい知的および道徳的成長が促進されるような方向に，遊びがなされるような教材や環境を設定することが必要になる。

(4) 遊びの発達的位置―活動的な仕事 (occupation)

遊びは，子どもの本能に根ざした活動であるが，それを教育的価値のあるものとするためには，発達座標軸において位置づけられなければならない。そこで，デューイの概念として，遊びと仕事（work）を包含するとともに社会的な目標を持つ，活動的な仕事（occupation）を検討する。

デューイによれば，活動的な仕事の趣旨を生かした教育の営みとは，「すなわち，手先の熟練や技術的能率が獲得され，後に役立つように準備がなされるだけでなく，それとともに，その仕事の中に直接的な満足が見出され，しかも，これらのことが教育に―すなわち，知的な諸成果と社会化された性向の形成とに―役立つようにする，というようなやり方である[8]」これは，活動的な仕事を通して，知識や技能が習得されるだけではなく，子どもの創造的で建設的な生活態度をも育てることができるのである。つまり，活動的な仕事を取り入れることで，知識の集積と性行の形成が為され社会的な存在としての子どもを育成することが可能になる。

(5)　遊び (play) と仕事 (work)

発達過程における遊びと仕事の相関については「非常に幼い頃から遊び的活動 (play activity) だけの時期と仕事的活動 (work activity) だけの時期という区別はないのであって，強調の違いがあるだけである。幼い子どもたちでさえも，あるはっきりした結果を求め，実現しようと努めるものである[9]」と，デューイは説明する。遊びと仕事は明確に区別できないとして，遊びと仕事の共通点は「両者は共に，意識的に心にいだかれている目的と，追求されているその目的を実現するためにもくろまれた材料と方法の選択と適用とを含むのである[10]」ということであり，共に目的追求活動であるとともに，自由で内的に動機づけられた営みであるということでもある。

しかし，遊びは仕事よりも興味がより直接的であるとされる。デューイによれば「両者の相違は主として持続時間の相違であり，それは手段と目的の結びつきの直接性を左右する[11]」と述べ，遊びは一層の注意と努力により，手段の選択と決定において多くの知力が行使され，仕事へと転化されるべきだとする。さらに，デューイは，「一定の性質をもつ，かなり遠い未来の結果が予見されており，それらを成し遂げるために粘り強い努力がなされるとき，遊びは仕事へと転化する[12]」と，遊びから仕事へ繋がることを想定している。

つまり，仕事とは，物質的成果への従属を意味する単調な骨折り仕事や，結果が活動の外にあるような強制労働ではなく，遊びや活動的な仕事と同一線上に位置する活動であると考えられよう。

(6) 遊戯性 (playfulness)

デューイは，遊びは子どもが外面的になすことがらと同一ではなく，全体性と統一性において子どもの心理的 (精神的) 態度を示すと考え，「『遊戯性 (playfulness)』は，遊びよりもより重要な考察課題である。遊戯性は，精神の一態度である。遊びは遊戯性的態度の一時的な外的表示である[13]」と述べる。遊びにおいては，遊びの外的な一般的性質よりも，遊んでいる子どもの遊戯性が問題にされ，それによって内的に動機付けられた真の遊びかどうかが判断されるべきとする。

例えば，鬼ごっこをする際に，子どもが鬼ごっこという活動に参加していれば，すべての子どもにおいて遊びが成立していると考えるのは早計である。それぞれの子どもの精神的態度によって遊びになっていたり，鬼ごっこという一般的に遊びとして理解されている活動の下にいるが，内面的状態において真の遊びになっていなかったりすると考える。

子どもが遊戯性をもつと「人は事物の現実的特性に縛られず，また事物が人に対して示すと考えられる物について，その物が真に『意味する』かいなかについては気にとめない[14]」とされ，デューイは，具体的な事例として「子どもが箒を持ってお馬さんごっこをし，椅子を持って電車ごっこをする際，箒が真に馬を表さず，椅子が本当に汽車を表現しないことは重要ではない[15]」と説明している。つまり，遊びかどうかの判断は，遊びに使う物や遊びの内容で決まるのではなく，子ども自身の自由な態度である遊戯性の存在によって決定づけられるとしている。

さらに，デューイは，遊戯的態度が仕事的態度へ移行されなければならないとし，それにより，遊戯性は，気まぐれな空想や現実的な事物の世界のような想像上の世界で終わることはないとしている。この見解は，遊びを学習として認めた生活科の精神と合致するものであろう。

2. リーバーマンの遊戯性研究

(1) 研究仮説

リーバーマン (Lieberman,J.N.)(1977) は，遊びの正体をつかむために，遊び方を問題として遊戯性について実証的な研究を行った。リーバーマンの研究は，結果的にはデューイが遊びにおいて重要視した遊戯性に関する定義を引き継ぎ，実証したものであると考えられる。しかし，リーバーマンが著書*Playfulness：Its Relationship to Imagination and Creativity*（日本語訳『「遊び方」の心理学』）で述べているように，その研究の初期においては，デューイが遊戯性に遊びの本質を求め，遊戯性を定式化したことには気づいてはいなかったのである。

リーバーマンは，デューイの著書*How We Think*での遊戯性に関する見解について，「理論の最も広範囲な適用可能性に関心をもつ社会哲学者および教育者としてのデューイは，遊戯性の特質を拡散的思考(divergent thinking)のような一つの特定の認知スタイルに限定しなかった[16]」と述べ，遊戯性に関するデューイ理論の可能性を評価している。

さて，リーバーマンの研究の発端は，「私自身の研究への原動力は，遊戯性が創造的な個人の認知スタイルの一成分であるという観察から生じた[17]」ものであり，それは，遊び行動の概念を定式化し固定するためであった。すなわち，リーバーマンによると，「正しく『遊戯性』を研究することの基底にある仮定は，組み合わせ遊びが創造的思考の本質的構成要素となっていることについて，自然そのままの観察に基づくものであった[18]」のである。つまり，問題の所在は，幼児の遊びと遊戯性の関係性であり，また発達的にその関係性が，人格的特性にどう影響するかというところにあった点が重要である。

(2) 遊戯性の理論モデル

幼稚園児を対象とした研究では，遊戯性の相互関連を通して，その構成要素は遊戯性という一つの単一行動次元を形成する仮説と，より遊戯性的な幼稚園児は，拡散的思考課題でより優れているとする仮説を設定した[19]。そして，実験は，自ら開発した評定尺度に基づき，教師による同定や測定，拡散的思考に関するテスト面接（製品改良・筋書きの題つけ・モンロー言語分類テスト）や絵単語テストによる評価で行われた。

実験の結果は，幼稚園児には，拡散的思考因子である観念的流暢性(ideational fluency)と自発的柔軟性(spontaneous flexibility)が存在するということであった。リーバーマンは，この幼稚園児の研究と，その他の高校生を対象とした研究等から，遊びと想像(imagination)及び創造性(creativity)の間の関係を媒介する遊戯性は，自発性(spontancity)，あらわなよろこび(manifest joy)，ユーモア感(sense of humor)の三つの要素から構成されるとの図式（図 1-2）を提示した[20]。

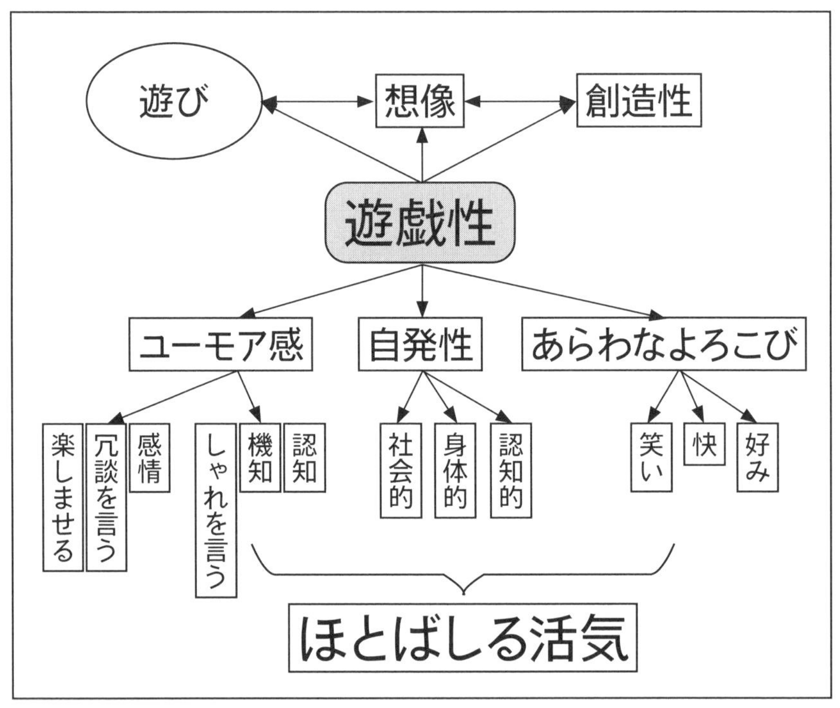

図 1-2　遊び，創造，創造性と遊戯性の関係モデル
（リーバーマン（1980）『「遊び方」の心理学』を参考に作成）

遊戯性の構成三要素については，以下の通りである。

［自発性(spontaneity)］

内発的に動機づけられ，遊びと同様に子どもが環境を熟知した情況で生じる要素であり，認知的自発性(cognitive spontaneity)，社会的自発性（social spontaneity），身体的自発性（physical spontaneity）に大きく類別される。

まず，認知的自発性に関しては，例えば，リーバーマンが幼稚園のブロック遊びや家事コーナーの活動で行った観察で，ブロックを煉瓦に変形させたり，母親，娘，あるいは巡回する看護師に次々に変身したりする様子が，認知的自発性が顕著に表れた行動であるとする。これは，「簡単に言えば，振りをするときの彼らの接近法は，与えられた物を彼らが知っているか慣れ親しんでいる何か他の物に変化させるのである[21]」と，これまでの情報の入力により蓄積した知識を元に，子どもが認知的有能さを誇示する行動の表れと解釈することが可能である。

二つ目の社会的自発性についての行動特性は，「グループ場面に満足し，そのような一つの社会構造に自由に入ったり出たりすることが，遊戯性の評価において幼稚園児と青年の両者の社会的自発性の品質証明と見なされた[22]」とする結果から説明された。社会的自発性は，歴史的かつ文化的背景によっても影響されると考えるのが妥当であろう。

三つ目の身体的自発性について，「身体的自発性はなわとびのような構造化されない遊び活動，あるいは石けり遊び，『谷間のおひゃくしょうさん』『サイモンさんのいうとおり』等のようなより構造化されたゲームと最もたやすく連合しており，活動における熟知の要素を再び強調している[23]」とリーバーマンは結論づけた。身体的自発性は，動きが繰り返しになるような熟知した行為の発現に強く影響し，別の側面としては，遊びにおける活気を示すために，可能な身体的表現を行うことでもある。

［あらわなよろこび（manifest joy）］

遊びは，明白な楽しみを伴う自発的な活動であるとされるが，よろこびは，時々，遊び活動の中に容易に見出せないことも事実であろう。リーバーマンは「いくつかの事例において，よろこびの行動は，快や幸福といったさまざまなラベルのもとに見出されるであろう。しかし，これらもまた抽象であり，微笑，笑い声，くすくす笑い，歌声，踊り，および楽しみのしるしである顔の表情といったような操作的な相関物を用いることの方がより容易かもしれない[24]」として，これらの観察可能な行動は，遊びにおける喜びの表出に関連するとした。つまり，遊びにおける笑い声は，満足や積極的な感情のひとつの表現であると解釈してもよいのであろう。

［ユーモア感 (sense of humor)］

ユーモアに対する様々な接近法においては，認知面と情意面の両面の表現を容易に認めることができる。リーバーマンは，遊戯性の構成要素としてのユーモア感には，上品なユーモアと，友好的な機智が一般的なユーモア兆候群から細かく分離されることを示しており，遊戯性の一部分になっていくとしている[25]。

(3)　実際的意味

リーバーマンは，遊戯性研究の実際的意味を，家庭環境，教室，進路選択，職場での満足，余暇の利用と多義に渡って考察しているが，学習における遊戯性の発現を主要な検討課題にするため，教室における実際的意味を考察する。

伝統的に，学習場面の設定においては，学習者にとって既知の題材を取り上げることから，学習の導入を図ることはよくとられる方略である。この効果は，遊戯性の側面からは，遊戯性の各要素が既習経験を再構成し，新たな展開をもつ学習を導くことになる。つまり，遊びの真髄としての遊戯性は，教室の学習に適用すると，既習の親しみ慣れたものでもありきたりの回答を示すのではなく，拡散的に思考や行動を広げる効果を示すものであるとの説明ができる。

カリキュラム編成においては，幼児期の子どもは，自発的な遊びと低構造化された教材を好む。また，曖昧さや不調和さによりよろこびやユーモア感をもつこと，児童期においては，具体的に関わることのできるものを好むと考えられる。そのため，子ども自身が一定のルールや慣習に興味を感じることを考慮しなければならない。つまり，生活科の学習場面のように児童期における遊びでは，幼児期よりもより構造的な活動や組織化された集団活動を行うのが適当であるということになる。

いずれにしても，リーバーマンの「遊びの行動に内在している性質―自発的，楽しさいっぱいの，きらめき的様相―が教室における想像や創造性を刺激することに有益であるかどうかについての私の問いかけに対しては，われわれは肯定的な答を与えるであろう[26]」を積極的に受け止め，教師は学習の場面における遊戯性の位置づけに理解を示し，遊戯性を加味した学習活動の創造に自信をもたなければならない。

遊戯性の性質を実際の学習指導において恒常的に用いることはやや難しいであろうが，子どもも教師も遊戯性を遊びの場面だけではなく学習活動における基本的な概念と認知し，それを生活科学習の場で援用したい。さらに，幼小接続のカリキュラムを構成する指針の一つとすることが，特に幼稚園教育と接続する低学年教育の中心的な課題とされなければならないだろう。

参考文献・引用文献

1 Dewey,J.(1976)*The School and Society*. Southern Illinois University Press,p.82.
2 Dewey,J.(1976)*ibid*.,p.82.
3 Dewey,J.(1933)*HowWeThink*.D.C.Heath And Company,p.209.
4 Dewey,J.(1933)*ibid*.,p.209.
5 Dewey,J.(1933)*ibid*.,p.209.
6 Dewey,J.(1933)*ibid*.,p.209.
7 Dewey,J.(1976)*ibid*.,p.88.
8 Dewey,J./ 松野安男訳(1975)『民主主義と教育(下)』岩波文庫,p.10.
9 Dewey,J./ 松野安男訳(1975)『同上書』,p.21.
10 Dewey,J./ 松野安男訳(1975)『同上書』,p.19.
11 Dewey,J./ 松野安男訳(1975)『同上書』,p.19.
12 Dewey,J./ 松野安男訳(1975)『同上書』,p.22.
13 Dewey,J.(1933)*ibid*.,p.210.
14 Dewey,J.(1933)*ibid*.,p.210.
15 Dewey,J.(1933)*ibid*.,p.210.
16 Lieberman,J.N./ 澤田慶輔・澤田瑞也共訳(1980)『「遊び方」の心理学』サイエ

ンス社 ,pp.168-169.
17 Lieberman,J.N./ 澤田慶輔・澤田瑞也共訳(1980)『同上書』,p.168.
18 Lieberman,J.N./ 澤田慶輔・澤田瑞也共訳(1980)『同上書』,p.3.
19 Lieberman,J.N./ 澤田慶輔・澤田瑞也共訳(1980)『同上書』,p.39.
20 Lieberman,J.N./ 澤田慶輔・澤田瑞也共訳(1980)『同上書』,pp.167-168.
21 Lieberman,J.N./ 澤田慶輔・澤田瑞也共訳(1980)『同上書』,p.136.
22 Lieberman,J.N./ 澤田慶輔・澤田瑞也共訳(1980)『同上書』,p.141.
23 Lieberman,J.N./ 澤田慶輔・澤田瑞也共訳(1980)『同上書』,p.144.
24 Lieberman,J.N./ 澤田慶輔・澤田瑞也共訳(1980)『同上書』,p.116.
25 Lieberman,J.N./ 澤田慶輔・澤田瑞也共訳(1980)『同上書』,p.98.
26 Lieberman,J.N./ 澤田慶輔・澤田瑞也共訳(1980)『同上書』,p.212.

生活科コラム①

大阪市立粉浜小学校
上田幸司

「自己決定」

私が生活科で大事にしてきたことは，自分で決めさせるということです。そのために，子どもに「何がしたいの?」「どうしたいの?」といつも声かけをしていました。

「先生，トイレ行っていいですか?」と子どもが聞いてきても，「だめ。」「行っていいかどうかを聞くのではなく，自分で決めなさい。」というぐらい徹底して自分で考え決めさせることをしました。すると，自分で考え，「こうしたい。」という思いを口にする子が増えてきたのを覚えています。生活科が始まった時，「自然認識」「社会認識」「自己認識」という言葉が使われましたが，「自己認識」にもつながる自分で考え，決めるということをこれからも大事にしていきたいと思います。

3節　遊びの原理を生かした教育

1. ミードの自我発達論における遊びの概念

デューイと共にシカゴ大学付属実験学校の実践に参画したミード(Mead,G.H.)は，『精神・自我・社会』において社会的自我形成論を展開している。ミードによると，人間の社会化の過程は，コミュニケーションの過程であるとされる。森(1985)は，「ミードの社会化論は個人のパーソナリティが社会から一方的に形成される被形成的側面だけを強調する社会化論ではない。個人が社会に働きかけ，社会が変革する側面も視野に入れた主体的社会化の基礎論である[1]」と述べる。これは，子どもの発達は，社会化と個性化の統合の過程であり，子どもが主体となって社会化を伸長させることは教育的価値が大きいことを指摘する。

さて，ミードの自我発達論は，遊びの理論を眺めることにより更に鮮明になる。それは，自我形成過程において，プレイからゲームへの移行が問題になるからである。ミードが，プレイと呼ぶのは主に「ふり遊び」である。「ふり遊び」について，ミードは，「幼児が遊戯でさまざまな役割を採用している状況こそ，[他者の役割採用という] 過程を原初的な形で一番ハッキリ示してくれる。そこでは，たとえば幼児が金を払おうとする，そのことが金を受け取る人の態度をひきおこす。この過程がまさしく，そこにふくまれている他の人の対応する活動をその子のなかによびおこす[2]」と述べる。つまり，子どもは，他人に呼び起こしつつある反応に応じるがごとく自分自身を刺激し，その状況にある程度反応して，行動すると考えられる。この説明から，子どもは，「他人によびおこすのと同じ種類の反応を自分自身によびおこす一群に刺激をもっている[3]」という存在である。

遊びにおいては，子ども自身が諸反応を一つの全体にまとめていくことで，自分が他者となり，簡単な自我を形成していくことでもあると考えられる。つまり，遊んでいる子どもは，自分自身のなかに引き起こした役割を自らが行うことにより，他人と相互作用を続けられるのである。それは，刺激に対する自分の反応を利用し，自我の形成に活用しているのであるとも言える。

遊びの発展性についてのミードの考えは，子どもは，集団的なごっこ遊びという，明瞭なルールの存在しない中間的な遊びを経て，プレイから集団的なゲームへ遊びの主体が進行するものである。その経過により，自我を発達させていくとの仮説がある。例えば，ゲームをやっている子には，「そのゲームに参加している他のすべての子どもの態度をやってのける準備ができていて，しかもこれらのちがう役割をたがいにハッキリ関係づけていなければならない[4]」ということが要求される。また，「かくれんぼ」で遊ぶためには，鬼が隠れる子の役割を受け持つ準備が必要であり，反対に隠れる子は鬼の役割を受け入れていなくては遊びが成立しないのである。つまり，ゲームにおいては，基本的なルールが認識できないと遊びに入れないのである。例えば，自分が空想した鬼と時間ごとに変化する状況に流されプレイ流に遊んでいる子どもは，正当にゲームには参加しえないのである。

このように，子どもは，ゲームにおいて組織化され一般化された他者をつかんでいるのである。ゲームは，「『ごっこ』で他人の役割を採用する段階から，言葉の完全な意味での自我意識(自覚)[の成立]にとって不可欠な組織化された役割を採用する段階へ，という子どもの生活における行路を示している[5]」と発達的意義を位置づけられよう。

森(1984)は，ミードにおけるプレイとゲームの違いをゲームという集団遊びのもつ組織性や集団性に視点をあて，以下の5つの点にまとめている[6]。

① ゲームには論理(logic)がある。

② ゲームは達成すべき明確な目的をもっている。

③ ゲームにおける活動は，行動を選択する決断の過程である。(最適の行動を行うためには，たえず手段を評価する必要がありそのた

めには内省的思考(reflecting thinking)が要求される。)

④　ゲームにおいては，特定の他者の役割をとるのではなく，共同活動に参加している全員の組織化された態度，すなわち一般化された他者の態度を身につけなくてはならない。

⑤　ゲームの段階における自我は，一般化された他者によって形成される。(『一般化された他者』とはミードによると，ある人にかれの自我の統一を与える組織化された共同体や社会集団で，野球をしている人にとっての野球チームのようなもの)

このようにミードの遊び論におけるプレイからゲームへの移行は，自我形成論において基礎的な過程であり，子どもは，遊びを通して他者の役割を受け入れ，自我を形成していくと考えられる。つまり，幼児期から児童期にかけての自我の形成を，子ども本来の自然性の表れである遊びを通して考察している点が注目される。つまり，ミードの遊び論は，遊びの原理を幼小連続の教育の原理に援用する手がかりを与えてくれる。

2. プラウデン報告に見られる遊びの意義

プラウデン報告とは，1966年10月にイギリスの教育・科学省の諮問機関である中央教育審議会(イングランド担当)[Central Advisory council for Education (England)]が，教育・科学大臣に答申し翌年1月に一般に公表した報告書「児童と初等学校」(Children and Primary Schools)であり，議長プラウデン(Plowden,B.)にちなんでこう呼ばれる。

委員会への諮問事項は，「初等学校についてのすべての問題および中等学校への移行について検討する」であり，答申では学校教育の出発点として各段階の基盤ともなる初等教育について，改革案と提言を行った。

初等教育の目的設定においては，抽象的な定式化を試みるよりもプラグマティックアプローチ(pragmatic approach)が有効であるとし，理想とする初等学校の教育をまとめている[7]。

学校は，単に知識・技術を教える場所ではない。諸価値や態度を伝達する場所でもなければならない。また学校は，子どもが将来の大人としてではなく，なによりもまず子どもとして生きることを学ぶ共同社会である。学校は子どもたちのために適正な環境を用意し，各自に適した方法と速度で発達していくよう配慮する。かつ，すべての子どもに対して平等な機会を提供しハンディキャップを相殺する努力を払う。また，子ども自身による発見や自分自身の経験また創造的な活動を重視する。学校はまた，知識は個々のばらばらなものに分割されるものではないこと，学習と遊びは対立概念ではなく互いに補い合うものであることを主張する。

学校を共同社会として，そこでなされる教育は将来のためではなく，今を生きる子どものためであり，直接的な指導を排し，環境による教育により子どもの経験の更新を図るとする見解は，デューイらの教育観から影響されたものであろう。そして，知識の統合による教育活動の設定や，学習と遊びの相補的関係が指摘されるに至るのである。

遊びの意義について，プラウデン報告では初等学校での学習指導の基本的原理として特に項目をあげて記述され，次の５点に要約できる[8]。

① 遊びは，子どもをいろいろな物や他の子どもと緊密に結びつけ，子どもに豊かな想像的な世界を提供する。

② 遊びは，子どもの内部の生命力と外界の諸物とを結びつける最も効果的な方法であり，遊びを通して因果の法則を知り，識別力，判断力，想像力，あるいは物事を分析総合する能力などを次第に身につける。

③ 子どもは自分の住んでいる物質世界をくまなく探究し，生活で体験した出来事を，遊びによって繰り返し繰り返し行おうとする。

④ 遊びにおける満足感と没頭は，創造の喜びを味わわせ，物事に精神を集中させる習慣をつけさせることになり，これが将来にわたる学習の最も重要な基本的態度を培う。

⑤ 子どもは，遊び(文化的遊び -cultural play) によって人間の文化的生活に必要な感情の表現を豊かにする。

プラウデン報告では，遊びの教育的価値を重視し，初等教育においては，遊びの中にこそカリキュラムが提供され，やがて子どもが学習していく諸教科の萌芽があると主張する。この原理は，生活科の趣旨そのものではないだろうか。また，その立場において教師は子どもが遊びを通して内面に構成しつつある概念の結合や総合の過程についてねらいをもって注意深く見守り，必要に応じて関わることが必要である。

すなわち，遊びは子どもの本来的な内的欲求から起こり，周りの環境と相互作用を行う過程で，発達上あるいは教育的に意義のある性向の変容を為すという特性を有していると解釈されるがゆえに，小学校の教育原理の一つとして再認識しなければならないのである。

参考文献・引用文献

1 森楙「遊びの教育論」新堀通也編（1985）『現代生涯教育の研究』ぎょうせい ,p.78.

2 Mead,G.H./ 稲葉三千男・滝沢正樹・中野収訳（1973）『精神・自我・社会一社会的行動主義者の立場から』青木書店 ,p.172.

3 Mead,G.H./ 稲葉三千男・滝沢正樹・中野収訳（1973）『同上書』,p.162.

4 Mead,G.H./ 稲葉三千男・滝沢正樹・中野収訳（1973）『同上書』,p.162.

5 Mead,G.H./ 稲葉三千男・滝沢正樹・中野収訳（1973）『同上書』,p.164.

6 森楙「ミードの幼児社会化論における遊びの概念」（1984）広島大学教育学部『幼児教育研究年報』第 9 巻 ,p.13.

7 文部省大臣官房（1969）『イギリスの初等教育計画プラウデン報告の概要』,pp.36-37.

8 文部省大臣官房（1969）『同上書』,pp.66-67.

（付記）

本章は，下記の論文の一部を加筆・修正して再構成したものである。

金岩俊明（1996）「探究力を高める生活科授業論の一考察～遊戯的探究学習の理論的基礎付け～」兵庫教育大学大学院修士課程学位論文 ,pp.46-68.

生活科コラム②

東大阪市教育委員会
上山那々

「生活科との二度の出会い」

生活科との初めての出会いは小学校２年生を担任していた時です。身近な材料で楽器をつくり，音楽の授業のたびに使っていました。子どもたちがどんどん改良し，季節の物を取り入れ，年度末まで「マイ楽器」を大切にしていたのを思い出します。

二度目の出会いは，教育委員会で生活科の研修を担当していた時です。スタートカリキュラムとの出会いは，教員が感覚や経験で行っていることを理論やカリキュラムで形づくることの大切さを教えてくれました。就学前とのつながり，教科とのつながり，地域とのつながり，子どもどうしのつながり，そういったものを整理しながらプランニングすることがカリキュラムの改善にもつながることを教えてくれました。

三度目にはどのような生活科との出会いが待っているのか楽しみです。

探究としての学習

アクティブ・ラーニングとしての生活科は，デューイの探究の理論に根源を求めることができる。理科学習での探究学習を踏まえ，生活科における探究学習のベースを探る。

アクティブ・ラーニング

1. アクティブ・ラーニングとは

平成29年に告示された学習指導要領作成の議論のなかで，小学校の教科における学習活動においては，子どもに育成すべき資質・能力の形成が一層問題視された。それは，学習者の「確かな学力」をつけるために，「何を学ぶか」から「どのように学ぶか」「どんな能力が培われるか」が問われることにある。このような情況において，思考力を基盤に基礎力や実践力を育てる21世紀型能力を育成する授業を構築するうえで，教師の指導法の改善はもとより，初等教育段階において学習方法をアクティブ・ラーニングとして再構成を進める動きが加速化した。

アクティブ・ラーニングは，もともと大学教育の転換を求める中央教育審議会(2012)において，教員の一方向の講義形式の学びとは異なり，学修者の参加を伴う能動的な学びに転換する学習方法の総称として提示された教授・学習法である。一方，小学校におけるアクティブ・ラーニングの流れは，子ども自らが課題を発見し解決する学びであると考えられ，学習形態としては体験的及び協働的に進められるのが特徴の一つとも考えられよう。天笠(2015)は，アクティブ・ラーニングは学習指導要領改訂において主要な方策に位置づけられているとして，その流れには高等教育の教育方法改善の流れと，「習得・活用・探究」という現行の学習指導要領が示している重点があるとしている[1]。

つまり，言語活動をはじめとした学習者の自己学習能力を向上させる能動的学習の実践が「確かな学力」の形成に成果をあげてきていることから，これからの知識基盤社会においては，小学校教育から高等教育に至る学びの方法としてアクティブ・ラーニングを位置づけていこうとする方向性が結びついたものである。

文部科学省(2014)は，「育成すべき資質・能力を確実に育むための学習・指導方法はどうあるべきか。その際，特に，現行学習指導要領で示されている言語活動や探究的な学習活動，社会とのつながりをより意識した体験的な活動等の成果や，ICTを活用した指導の現状等を踏まえつつ，今後の『アクティブ・ラーニング』の具体的な在り方についてどのように考えるか[2]」を中央教育審議会へ諮問した。これは，現在，教科指導を中心に全教育活動で積極的に行われている言語活動や，総合的な学習の時間等で取り組まれている探究的な学習活動，また情報機器の利活用によって行われているICT教育をアクティブ・ラーニングのくくりの中でより活性化しようとする働きと考えられる。

このような情況をふまえ，具体的な活動や体験を教科の目標や内容及び方法とする生活科の特徴を捉え，本教科が小学校低学年に位置づけられている関係からアクティブ・ラーニングへの入門としての機能について検討していく。

生活科の誕生期に先行研究実践を進めた加藤(2015)は，「座学中心の展開になりがちな低学年の社会科・理科を廃止して生活科を設立した経緯は，講義形式の授業によって受動的な学習になりがちな高等教育の授業変革をめざすアクティブ・ラーニング型授業と同じ方向をめざすものといえる[3]」と述べ，高等教育の方法論とは一線を画すものであるが，今日のアクティブ・ラーニングの議論は，生活科誕生の経緯との近似性を指摘している。

さて，アクティブ・ラーニングにおける子どもの学習への主体性につながる問題解決力の育成や協働性については，学習活動における探究(問題解決)の原理からアクティブ・ラーニングとして成立させるための要件を整理し検討したい。これは，アクティブ・ラーニング推進の理由として，思考力・判断力・表現力の育成や言語活動の推進が連動しているからである。さらに，主に幼児教育との接続において設置された生活科においては，子どもの認識の基礎である「気付き」の質を高めることが課題となっている。「気付き」は，言語活動を重視するアクティブ・ラーニングによってさらに質的に深まるものである。

また，低学年の生活科が中学年以降の学習方法の基盤として連続的に機能するために必要な要件については，教育の現代化以降進められた理科教育における探究学習の流れから手掛かりを見つけ，関連性を検討していくことにする。

2. アクティブ・ラーニングに結びつく経過

生活科は，学習指導要領の改訂に合わせて若干の改訂がなされている。しかし，生活科は創生期からその目標や内容は大きく変わることなく経過してきた。生活科は，20 年以上の低学年における教育課程の在り方の検討を経て創設されたのであるが，スタート時より学問的背景の脆弱さから教科存続について疑問視する風評があった。しかし，授業観の変革を含め，全国の学校現場での実践が子どもの育ちという姿で寄せられたことにより，教科としての確固たる地位を築き維持してきたのである。

そこで，学校現場においての学習指導の拠り所とされる文部科学省（文部省）が作成した学習指導要領の指導書及び解説書の記述における学習指導についての部分の記述を取り上げ，学習指導の在り方について具体的にどのような説明がなされてきたのかを提示し，アクティブ・ラーニングの視点から考察する。

第Ⅰ期生活科（平成元年改訂）

生活科が新設された改訂である。生活科学習指導の基本として，学習の流れには連続性と統合性が必要とされ，「活動を通して児童一人一人が，その課題を達成し，願いを充足させたいという実感とともに，友達との協力の楽しさ，すばらしさの感動を生活科の学習の中に大いに盛り込んでいくことが大切なのである[4]」と示され，問題発見における主体性と協働性が重視され，活動や体験が進められていたことが分かる。

さらに，学習指導上のポイントとして，①～⑥の事項が提示された[5]。

①自発性

・学習が成立するためには，児童がやってみたいと思うことから始める。

②能動性

・体を動かすことにより，知的な活発さを引き起こすことが大切である。

・知的な活発さとは，対象の特徴や違いに応じて働き掛けを変えていくことである。

③直接体験

・直接体験の方が間接体験よりも整理されていないだけに，印象が強い。

・整理されていないということは多様な側面がその中に入り込んでいることであり，子どもはそこから実にいろいろなことを学び得るはずである。

④情緒的かかわり

・情緒的なかかわりとしての感動や驚きというものは，単純な情緒の問題だけではなく，むしろそこには既に知的認識の芽生えがみられる。

⑤振り返ること

・知的な工夫や関心を定着させるために振り返る。

・表現活動を通して整理していく中で，知的な意味だけではなく，自分たちの活動を改めて見直すことによって成就感を確認することができる。

⑥生活

・日常生活の意味のある活動を生活科の中で取り出して再現する。

・日常生活の中で既に行っている活動を知的働きにより自覚化する。

第Ⅱ期生活科（平成 10 年改訂）

第１回目の改訂が行われ，教科目標に「身近な人々」が組み入れられ「人との関わり」が強調され学習内容が各学年６項目の 12 項目から８項目に変更された。

また，生活科学習指導の特質として，子どもの思いや願いを実現していく過程が重視された。これは，問題発見から問題解決に至る過程を大切に考えていこうとした結果である。つまり，生活科にあっては，前問題解決学習として，問題発見に重点を置いていたのが，問題解決への過程をも見据える方向に変わってきたとの解釈が可能である。なお，その説明において，遊びの特質が提示され，「遊びにおいてよく見られるが，児童はただ遊んでいるのではなく，問題となることに気付いて，それらを解決したりする工夫を試みたりしている[6]」と示し，遊びは脈絡のない活動ではなく，子ども自らが問題を解決していく過程を述べていた。これは，生活科が自由遊びを学習として認めた点が，再び強調されたのであり，注目される記述ではあった。

また，学習指導の要点として，以下の点が整理された[7]。

・活動への思いや願いをはぐくみ，意欲や主体性を高めるようにすること。
・感じたり気付いたりしたものを，より意識化できるように促して，それについての解決を求める心の動きを，自らの思いや願いを実現していく過程として育てるようにし，学ぶ楽しさの世界に誘い込むように導いていくこと。
・見付けた事物や現象についての直観的な特徴づけやアイデア，比較や関係づけを行って得られた考え方を，自らの論理として，それぞれが進んで言い表すところのものを，知的な気付きと呼ぶことができる。

これらの記述では，子どもが自らの思いや願いに基づいて主体的に問題解決を行い，その過程で問題解決における子ども自らの論理性を身に付けることが期待され，生活科の究極の目標である学習上の自立を説明したことも注目される。

第Ⅲ期生活科（平成20年改訂）

生活科にとっては2回目の改訂であり，内容として「表現・交流」が追加されて9項目になり，生活科の内容構成が固まった改訂であったと考えられる。そこで，学習指導の進め方としては，気付きの質の高まりと関連付け，「生活科は，児童が充実した活動や体験をするとともに，そのことで生まれる気付きが大切である。この気付きが質的に高まることによって，活動や体験は一層充実したものへと変容し，実際の生活における資質や能力及び態度は確かなものとして身に付いていく[8]」とし，指導上の工夫として具体的に次の4点を示した[9]。

1　振り返り表現する機会を設ける

2　伝え合い交流する場を工夫する

3　試行錯誤や繰り返す活動を設定する

4　児童の多様性を生かす

これらのポイントからは，気付きの質的向上が学習指導の中心とされながらも，気付きが，「対象に対する一人一人の認識」であり，それは主体的な活動でのみ得られるとされたが，子ども自身の問題解決学習が基盤となることは明らかであった。また，気付きの質は，表現・交流学習において高まることも強調された。

このように，学習指導要領の指導書及び解説書の記述を見る限り，生活科の学習指導は，アクティブ・ラーニングを標榜する展開がなされてきたことは学習の流れを概観すると明白である。

参考文献・引用文献・インターネットサイト

1 天笠　茂(2015)「アクティブ・ラーニングを実現する学習法」『教育展望2015年9月号』教育調査研究所
2 文部科学省ＨＰ　http://www.mext.go.jp/b_menu/shingi/chukyo/chukyo0/toushin/1353440.htm（2015.10.27.確認）
3 加藤　明(2015)「アクティブ・ラーニングによる言語力の育成」人間教育研究協議会編『教育フォーラム56　アクティブ・ラーニングとは何か』金子書房
4 文部省(1989)『小学校学習指導書　生活編』教育出版,p.56.
5 文部省(1989)『同上書』,pp.58-60.
6 文部省(1999)『小学校学習指導要領解説　生活編』日本文教出版,p.58.
7 文部省(1999)『同上書』
8 文部科学省(2008)『小学校学習指導要領解説　生活編』日本文教出版,p.64.
9 文部科学省(2008)『同上書』

デューイ理論における探究

1. 探究の概念

(1) 探究の定義

デューイ（1938）は，探究の理論を集大成した著作『論理学：探究の理論』*Logic :The Theory of Inquiry* で，「探究とは，不確定な情況を確定した情況に，すなわちもとの情況の諸要素をひとつの統一された全体に変換するほど，情況を構成している区別や関係が確定した情況に，制御され方向づけられた仕方で変換させることである[1]」と探究の形式を示した。デューイの考えでは，不確定な情況は探究に対して構成要素が曖昧であり，これに対して確定した情況は，まとまりのある状態で，確定した情況は，経験が行われたと扱われる。このように，デューイにおいて探究（inquiry）は，経験により成長する人間の生活のあらゆる場面に入り込んでおり，事物を知的に操作するための思考作用である。つまり，それは反省的思考（reflective thinking）としての根拠に基づいた経験の側面とも解釈できるということである。

(2) 探究の流れ

デューイは主に，探究の過程を『論理学：探究の理論』と『思考の方法』*How We Think*（1933）で論述した。そこで，これらの著作における探究を提示する。

- 『論理学：探究の理論』における探究（The Pattern of Inquiry）は，以下の通りである[2]。

①探究の先行条件（The Antecedent Conditions of Inquiry）―不確定な情況（The Indeterminate Situation）

②問題の設定（Institution of a Problem）

③問題解決の決定（The Determination of a Problem-Solution）

④推論（Reasoning）

⑤事実と意味の操作的性格（The Operational Character of Facts-Meanings）

●『思考の方法』では反省的思考（reflective thought）と関係して探究は次の段階として示されている[3]。

①暗示（Suggestion）

②知性化（Intellectualization）

③指導的観念（Guiding Idea），仮説（Hypothesis）

④狭義における（in the Narrower Sense）推論（Reasoning）

⑤行動による仮説の検証（Testing the Hypothesis by Action）

これらの探究の過程をふまえ，生活科における「主体的・対話的で深い学び」に援用するため，以下に５つの過程を規定しそれぞれについて検討していく。

◎第１の過程（不確定な情況ー暗示）

不確定な情況とは，「混乱した，困った，曖昧な，混乱した，矛盾する傾向に満ちた不明瞭な情況である[4]」と示されるように，探究の先行条件であり，子どもと環境との不安定な状態である。それに対して，暗示は探究の入り口そのものであるとも考えることができ，不確定な情況を能動的に解決するために子どもが反応した直接の活動の成果として，経験を基に自らが思いつく観念群である。よって，不確定な情況が先行し，暗示がそれに続くものとしてとらえることにする。

◎第２の過程（問題の設定ー知性化）

暗示による様々な疑問的な観念の形成により，困難さが見えてくる。そして，知性化あるいは知性的に整理することにより，「困難の性質が，いかなるものかが定められる[5]」のである。そして，困難な問題が知性的な問題になることにより，「困難というものが我々の行為の中に存在することに対して，迷惑な気持ちがなくなっていく[6]」とされる。つまり，現実の問題情況とのかかわりをもちながら，客観的諸事象の観察がなされることにより知性化が行われる。つまり，観念が整理されることで，問題が設定されるのである。

◎第3の過程（問題解決の決定―指導的観念・仮説）

指導的観念としての仮説をもつことが，問題解決への道筋をつける。指導的観念とは，問題を解決するために適切な機能を果たす観念である。もちろん，デューイが，「事実の観察と，暗示された意味すなわち観念は，互いに対応して生じ発展する[7]」と述べているように，指導的観念としての仮説の機能や能力を推理するためには，目の前の事実を十分に観察し，諸感覚を働かせ問題を感知する努力をすることが必要である。

◎第4の過程（推論）

両著において共に推論という言葉が充てられている。推論により観念がさらに方向づけられ具体的な操作への展望が開かれる。これは，問題の諸要素が全体として統合されまとまるためである。また，推論により暗示とは全く異なる観念を生み出す成果が見られる。

◎第5の過程（事実と意味の操作的性格―実験行動による仮説の検証）

デューイは，「問題を位置づけ記述する役目をもち観察された事実は現実的であるが，観念を形成する題材は現実的ではない[8]」と述べている。そこで，両者を現実的な情況において相互に機能させなければならない。また，観念が具体的な行動としての検証作用である実験を呼び起こし，その結果として事実の把握により確証ができる。つまり，子ども自身の観察や実験行為により真の事実が見出されるのである。

以上，探究における5つの過程を概観したが，前述の比較検討を受けて，次の各過程を生活科の活動や体験が，思考作用を伴った学びとしての探究を成立させるための一般的な過程と位置づけることにする。

1．諸暗示（Suggestions）
2．知性化（Intellectualization）
3．仮説（Hypothesis）
4．推論（Reasoning）
5．実験（Testing）

さて，これら，デューイの探究の過程（相）の類別について，杉浦(1976)は，「(1) 困難の感受（問題的状況），(2) 問題の設定，(3) 問題解決策の確定，(4) 推論，(5) 実験[9]」とし，第1と第2の相を纏めることに困難を感じている。また，牧野(1977)は特に，『思考の方法』における各相を重視し，「われわれはとかく特定の操作が探究過程に現れる一つの場面ないし段階を成すがごとく誤解しやすいのではなかろうか[10]」と述べ，推論や観察は探究過程では随所に現れるとしており，探究における重層構造に着目している。

5つの過程を固定化することについてデューイ（1933）は，『思考の方法』において「結論的に言えば，これまで述べた反省的思考の5つの過程は反省的思考作用に必須な特性を概括的にだけ表示するということを指摘したのである[11]」と述べている。これは，5つの過程の前後関係を固定することを否定するとともに，それぞれの過程が重なったり，ある過程を通り過ぎたりすることを示唆している。そして，複雑な探究の場合には，「5つの過程のいくつかは非常に広範なものとなり，それらは，それぞれの内部に別の過程を包含している。この場合，別の過程は元の過程の部分として見なされるか，単独の過程として見なされるかは定かではない。5つという数については，何ら神聖な意味は含まれていない[12]」とデューイが明言しているように，その順序や数が固定化されるととらえるのではない。つまり，5つの過程として探究（反省的思考）を規定したとしても，流動的な姿であることを認識しておく必要がある[13]。

(3) 探究的な態度

探究の過程においては，望ましい思考態度を養うことがその目的の一つとされる。これは，「主体的・対話的で深い学び」としての協働的な活動を進める上においても重要である。デューイによると思考方法を心得ているだけでは十分ではなく，思考方法を用いるためには，進んで思考しようとする前向きな意欲がなければならないのである。

デューイ（1933）による優れた思考態度に必要とされる心的傾向は，

概ね次の３つの態度に整理される[14]。

ア. 開かれた心 (Open-mindness)

能動的かつ積極的な意味をもち，多方面に拡散する積極的な意欲を含んでいる。そして，いかなる事実にも注意を向け，様々な事態に対して十分に注意を傾け，個人にとって最も貴重である信念の中にさえ，誤りの可能性を認知しようとする積極的願望を含む。一つの観念に固執しないことでもある。この態度の形成により，新しい観察がなされ，探究が継続できる。

イ. 誠心誠意 (Whole-heartedness)

子どもが夢中になって対象や問題に興味を抱く際に，心底からそれに没頭する態度である。問題に没頭すると，その問題が子どもの心をひきつけ，その結果，絶えず疑問が湧き出ることにより，思考を深化させることになる。

ウ. 責任性 (Responsibility)

責任性とは，新しい見方や新しい考えを創出し，教材を活用する能力や態度であり，探究を最後までやり抜く知的活動に関わる責任に関係付けられる。

参考文献・引用文献

1 Dewey,J.(1986)*Logic:The Theory of Inquiry*. The Later Works 12, Southern Illinois University Press,p.108.

2 Dewey,J.(1986)*ibid*.,pp.109-118.

3 Dewey,J.(1933)*How We Think*. D.C.Heath And Company,pp.106-115.

4 Dewey,J.(1986)*ibid*.,p.109.

5 Dewey,J.(1933)*ibid*.,p.108.

6 Dewey,J.(1933)*ibid*.,p.109.

7 Dewey,J.(1986)*ibid*.,p.113.

8 Dewey,J.(1986)*ibid*.,p.116.

9 杉浦美朗(1976)『デューイにおける探究の研究』風間書房 ,p.288.

10 牧野宇一郎(1977)『デューイ教育観の研究』風間書房 ,p.751.

11 Dewey,J.(1933)*ibid*.,p.116.

12 Dewey,J.(1933)*ibid*.,p.116.
13 Dewey,J.(1933)*ibid*.,p.30.
14 Dewey,J.(1933)*ibid*.,pp.30-33.

生活科コラム③

大阪市教育委員会
川村幸久

「思いやりの心を育む」

生活科は，相手のことを思いやる気持ちを育む教科だと強く実感したのは，２年生担任時の生活科「１年生に学校を案内しよう」の授業を行っている時です。

学級の子ども達は，１年生に学校の楽しさを伝えるということをめあてに，どの教室をどのように紹介すればよいのかについて考え，学校を案内するためのポスター作りを行いました。

１年生に学校を案内した後には，「１年生が安心して学校に来てくれたらうれしい」「学校は楽しいところだということがわかってくれたと思う」「これからもっと１年生と仲良くしたい」と満足した表情で学習を振り返る子ども達。その時の子ども達の発表する様子が今でも忘れられません。

理科教育と探究学習

1. 探究学習の系譜

1950年代からの教育の現代化運動において，科学あるいは学問の進歩を教育にどう反映させるかが中心的課題となった。背景には，科学が科学的知識を多く蓄積してきたという量的な問題だけでなく，諸科学の体系自体が質的に変化してきた要因があり，学校の教育内容と学問進歩とのギャップは拡大した。

この問題を解決するため，理科教育の分野において，探究の成果としての知識や概念の習得に学習の重点を置くのではなく，子どもに探究の過程や方法を学習されなければならないとする緊急な課題が持ち出され，教育の現代化運動への一つの引き金になったことが推測される。

降旗(1974)は，その探究の過程や方法を重視する考え方の系譜を，19世紀のイギリスの生物学者であるハクスリー(Huxley,T.H.)の，諸科学に共通する方法は精神陶冶の手段としての価値をもつと主張した点に求め，ハクスリーが，諸科学の方法を次の4段階に定式化したことに注目し，以下の整理を行った[1]。

- 観察(observation)
- 比較(comparison)と分類(classification)
- 演繹(deduction)
- 検証(verification)

この定式化は，人間の活動には思考の働きが不可欠であると認識していたに違いなく，思考作用という人間の内面的な働きを直接的に取り上げるのではなく，思考の働きが原動力となって発動される探究の特徴を客観的に分析したものと考えられる。

このようなハクスリーの定式化は，２節で述べたところのデューイの探究における５つの過程と関連があるのではないかと考えた。

つまり，デューイは，ハクスリーから探究の構造について大きな影響を受けた可能性があるということである。デューイは，ハクスリーの定式化から示唆を得て，人間の問題解決を論じるにあたって，思考作用を全面に出して再構成を試みたものとの解釈も可能である。すなわち，デューイは科学的な問題解決の方法（科学的探究）を日常の問題解決の手段にまで援用したとも考えられるのではないだろうか。

2. シュワブの『探究としての学習』

(1)　シュワブの業績

シュワブ(Schwab,J.J.)は，アメリカ生物科学協会(BSCS)が1959年から作成した高等学校のカリキュラムや教科書の作成において，中心的な役割を果たした。さらに，1965年からは，初等理科研究(ESS)にも参画し，小学校から高校までの縦断的な理科教育にも関わった。

シュワブの *Teaching of Science as Enquiry*『探究としての学習』(1970) は，ハーバード大学が毎年１回行っていた教育講演をまとめたものである。『探究としての学習』には，シュワブが，科学の教育が探究として位置づけられるとした基本的な理念がまとめられており，それが理科教育における探究学習の基盤の一つになったと考えられる。

そこで，本著作の主要な内容であり，シュワブの探究学習の根本問題でもある，固定的探究(stable enquiry)と流動的探究(fluid enquiry)の違いを手掛かりに，シュワブがデューイから流れる探究の概念を理科教育においてどう展開したのかを探る。

(2)　固定的探究と流動的探究

シュワブは，「科学というものは，新しい概念の上に立って，不確実と失敗を通り抜け，最後に知識にいたる研究法であるが，その知識も必ずしも真ではなく，疑う余地があって，容易に確実なものとして得難いものであると理解することである[2]」と述べている。シュワブは，科学的探究の方法を維持し支持するためには，科学を科学として教えるに他ならないと考え，科学を固定的探究の成果であると考えることなく，流動的探究の産物だと知るようになると説いた。つまり，知識は固定的に受容するのではなく，常に知識は疑われなければならないとしたのである。そこで，新しい科学的探究では，空間，場，時間，量を直接観察して客観的事実を習得することだけではなく，知性の行う概念化の中にもその起源があるとする。シュワブは，「科学の目的からいえば，事実はもはや自分だけで存在する所与ではないのである。それは知ろうとする人，つまり，その人がそれを考察しようとして行う操作とその操作を組織し統制する概念化次第にかかっていることがらである[3]」ということになる。

つまり，事実の解釈においては，心的作用を有した人間の存在こそが問題視されなければならないのである。その点から考えると探究を通じて得られた知識は「単なる事実の知識」ではなく，探究を行う時の概念上の原理に依存した「解釈された事実の知識」であるともいえる。

このように考えると，探究によって知識は永遠に更新されるのであり，これをシュワブは，「科学的知識のもっている修正的性格（revisionary character of scientific knowledge）[4]」と称し，探究において原理が用いられ，検証され，更新されると科学的知識は不断に修正されるとする。つまり，この科学的知識の修正的性格は，前述した固定的探究と流動的探究の相互作用からも説明が可能になるであろう。

次に，固定的探究と流動的探究のそれぞれについて考察する。

固定的探究が背景とするのは，知識体系を構築する教育であり，そこでは探究の原理は問題にならず，初期においてはほとんどが成功裏に終わるのである。しかし，科学の構造はそう単純ではないため，いずれ，固定的探究では解釈できないデータにぶつかる。例えば，「生理学において，異なった環境の下では異なった機能を持っていると思われる器官が見出されることがある。また物理学において，電荷や質量に安定した関係を持たないような振舞を示す粒子が発見されることがある[5]」と，シュワブは具体例を示している。そこでは，原理を越えた世界が存在する。

このように，固定的探究が限界に達した際に現れるべき探究が流動的探究である。流動的探究では，まず，固定的探究の失敗を調査することに注意が注がれ，次に新しい概念を発明しその適切性や適用可能性を検証する。これらの直接の目的は，「研究主題それ自体に関する知識を増すことではなくて，その主題を再定義し，有効で安定した探究の新しい道筋を誘導する新しい原理をつくりだすこと[6]」であり，それは発見や発明を想定できる性質に満ちたものになる。しかし，流動的探究は固定的探究のように成功の可能性が高いものではなく，新しい原理の獲得に至る過程においては，失敗や挫折がつきものとされるのである。

(3) 探究的な教育課程

シュワブは，教育課程を探究的に改造するために，具体的な提案を行った。以下に，「実験室」「探究的教室」「疑問の要素」について紹介する。

①「実験室」

実験室を教師の独断的な場から，子どもの探究的な場に変換するために，二つの変更を提案している。その一つは，実験室での活動の大部分を教室における科学教育の後ではなく，前に行うことであり，もう一つはこれまでの実験室がもっていた実演（demonstration）の機能を，教室における教授に対して新たな角度から使えるという機能に従属させるということである[7]。探究的な実験室の役目をまとめると，次の2点になると考えられる。

一つ目は，これまで結論だけを説明することで授業がなされていたのを，問題場面を説明することに置き換えることである。それは探究を問題となった事態からはじめて，その問題が解決の手続きを通って解決されるまでの手段を説明する教室での学習と関連させながら行うことである。二つ目は，探究のプログラムを実行する機会を提供することで子どもに結論を押しつけることなく柔軟な思考を許容することでもある。つまり，容易に解決できない困難を伴う話し合いは，概念解釈上の差異が残ることになるものの，それは探究の本来的要素であると考える。

②「探究的教室」

シュワブは，「完全に探究的な教室においては，現在の学校の慣行とはなっていない教授＝学習技術が必要である。そのめざす目的は，一団の知識の明瞭化と教示だけではなく，生徒の側における発見の過程の鼓舞と指導である[8]」とする。つまり，探究が行われる教室において，子どもは教師の知識を単に受容するのではなく，講義内容や教科書は，探究対象であると受け止め，学習者は能動的な学習を志向しなければならないとする。そのためには，討議(discussion)にともなう効果が重視されると考え，メカニズムとして次の３点を示した[9]。

・学習者は，討議によって学習過程へ能動的に参加できる。
・討議はグループ活動であり，グループの一員として働く中で望ましい感情的要素が数多く含まれ，学習を強化する。
・教師が短時間のうちにより多くの効果的な人間関係を作り出し，それを用いることができる。

③「疑問の要素」

疑問をもつことは，小さな科学者としての子どもにとって本質的な要素と考えられ，探究としての学習を進めるためには，教育内容と方法のなかに疑問と感じられる要素を盛り込むことが必要になる。

例えば，教科書の記述を例に考えると，「各章ごとに疑問と無知を感じさせる要素が含まれ，しかもそれは，特定のことに関する疑問であり，具体的であって，重要なことがらに関する無知でなければならない[10]」のであり，疑問は子どものみならず教科書で教える教師に対しても提示されるべきであるとシュワブは考えていた。しかし，疑問の要素だけを単独に取り扱うのには，慎重でなければならない。

(4)　探究における差異

探究としての科学を進める上で，差異に注目すべきであるとシュワブは提唱し，次の点について言及した[11]。

・探究としての科学の取り扱いは，科学の内容から切り離された科学的方法の説明や科学そのものの説明によって為されるのではなく，科学的知識は，その知識を生んだ人間の精神と手との協同活動から生まれたものとして取り扱う。
・探究は普遍的原理ではなく，複数の具体的探究を包み入れる大封筒のようなものである。

つまり，個々の探究は個別特殊的であり，それ自体の実質に関わる概念作用やデータ，問題に対する討論の中にある。すなわち，シュワブにおいて問題になるのは，具体的な探究システムそのものであると結論づけられる。この探究の個別性の理論は，生活科の個性的かつ具体的な活動や体験を成立させるための中心的課題を提供していると捉えることができるのではないだろうか。

3. わが国における探究学習

(1)　理科教育の歴史的変遷

わが国の歴史において，アメリカから，「自然科（Nature-Study）」やプロジェクトメソッド（Project-Method）の理念が流入し，理科教育に多大な影響を及ぼしたのは，主に第一次大戦後である。「自然科」はベイリー（Bailey,L.H.）らの「自然学習（The Nature-Study）」の理論に基づくのであり，そこでは人格の全一的表現が求められ，子どもたちを自然の中に連れ出し，直接的に自然の姿を感受させようとした徹底した経験教授が存在したのである[12]。

また，プロジェクトメソッドは，キルパトリック（Kilpatrick,W.H.）によれば，全心全言を込めて行う目的的活動であり，子ども自身が主体的に問題を解決するものである。この方法は原理を教えて応用に及ぶのではなく，日常の経験の中から原理を教えようとするものであった[13]。

戦後においては，時代背景の下に理科教育の思潮も大きく転換していった。アメリカの占領下，1956 年の学習指導要領の改訂に至る過程においては，アメリカの進歩主義教育派の強い影響により，生活単元や問題解決学習が教育理念の主流を為した。しかし，その教育理念がアメリカの直輸入であり，戦後の生活状態の現実からあまりにもかけ離れていたことから衰退を余儀なくされた。アメリカでも，進歩主義教育に対する反省と批判がおこり，公教育の責任性（accountability）において，子どもには必要最小限の知識や技能を系統的に教えなければならないと考えるエッセンシャリズム思想が主流を為すことになった。

当時において，文部省の学習指導要領の改訂にあっては，教育の現代化の影響により，探究の過程を重視し科学の方法を習得させることをねらって探究学習や発見学習が注目されるようになった。

このような戦後期以降の流れについて，森川（1973）は，「戦後のわが国の理科教育思潮は，生活カリキュラムから科学カリキュラム（昔のそれではないが）へ，さらに探究カリキュラムへとうつり変わってきたものといえるであろう[14]」と，時代における教育思潮は，その時代に作成されたカリキュラムによって代表されるという見地から考察している。しかし，それら3つのカリキュラムは，継続的に分離して受け継がれたのではなく，並行的につながって現在のカリキュラム研究の課題として存続していると認識するのが妥当であろう。

(2)　探究学習の定義

探究学習について，降旗（1974）は，「知識獲得の過程に児童・生徒が主体的に参加することによって，探究能力・科学概念・望ましい態度の形成をめざす活動である[15]」と位置づけた。それは，アメリカの理科教育界の動向に影響を受け，わが国の探究学習を方向付けたものであろう。降旗は，探究学習について，次に示す事項の補足説明を行っている[16]。

・探究学習は結果としての知識を教えるのではなく，知識が確立してくる過程に児童・生徒が主体的にかかわるように計画される。

・探究学習の第一のねらいは，探究能力の育成にある。探究能力とは実践的行動的な能力を意味し，認知的能力と技術的能力とから構成される。

・探究活動の結果，獲得される科学の基本概念や望ましい態度形成も重視する。

・探究能力と科学の基本概念（論理的側面），態度形成（感情的側面）が有機的な関連の下に構想されることにより，人間教育に位置づけることが可能になる。

・科学の方法の基礎である探究の過程が重視されるが，それは，単純な過程から複雑な過程へと階層構造をなす。

探究能力としてのプロセススキルズは，森川（1973）によれば，探究能力の構成要素を導きだし，探究情況に応じて指導すること，つまり探究を型にはめないで，繰り返し使われる技能を訓練することを目指して設計された。それは，1962年にAAAS（アメリカ科学振興会）の教育課程委員会で開発したプロセス・アプローチ（Science-A Process Approach）であり，基礎的な探究能力をプロセススキルズとして，次の14要素が挙げられている[17]。

①観察する　②測定する　③数を用いる　④時間／空間の関係を用いる　⑤分類する　⑥伝達する　⑦推論する　⑧予測する　⑨データ解釈をする　⑩条件を統御する　⑪操作的に定義する　⑫モデルをつくる　⑬仮説をたてる　⑭実験する

これらの要素を認知的能力と技術的能力に分けると，①から⑥までが具体操作的な技術的能力であり，⑦から⑩までが知的で道具的な認知的能力とされる。しかし，これらのプロセススキルズが強調されるあまり，探究過程における子ども本来の分かり方につながる情意的な側面が軽視され，子どもの発想や創造性が発揮された探究学習ができない危険性を指摘する。なお，探究学習においてはその過程で科学的態度の育成が指向されることが必要である。

わが国の理科教育で培う科学的態度としては，昭和27年に改訂された小学校学習指導要領（理科編）において詳細に説明されている。指導要領には，「環境に興味をもつ態度やみずから進んで究明する態度，協力する態度[18]」等20項目が示されているが，これらの態度には，他の教科学習においてもあてはまる項目が多く，生活科学習においても重要視できる点があると考える。

また，森川(1973)は，純粋に科学的態度として重要なものを，ディードリッヒ（Diederich,P.B.）が示した次の20項目に求めている[19]。

①懐疑的態度

②問題解決への可能性への信念

③実験的検証への要望

④正確性

⑤正しいものを好む態度

⑥意見を変えるのに吝(やぶさ)かでない態度

⑦謙遜な態度

⑧真実への忠誠心

⑨客観的態度

⑩迷信を嫌悪する態度

⑪科学的説明を好む態度

⑫知識の完全さに対する要求

⑬判定を保留する態度

⑭仮説と解決を区別する態度

⑮仮定に気づく態度

⑯何が基本的で一般的に意義のあることであるかを判断する態度

⑰理論横造を尊重する態度

⑱数量化を尊重する態度

⑲蓋然性を受け容れる態度

⑳正当な理由のある一般則を受け容れる態度

20項目の科学的態度は，科学者のために求められるものであるが，流動的探究において，問題解決に信念をもって実験行為を繰り返し客観的で科学的な見地に従いデータに基づき慎重に結論を引き出すという過程は，そのまま探究学習に取り入れることが可能であろう。

探究学習では，内発的動機に支えられ，疑問をもち問題解決への意欲を感じる学習の導入段階での指導が極めて重視される。これは，アクティブ・ラーニングとしての学習を子どもに提供するための重要な要素である。しかし，戦後の問題解決学習であったように，子どもの身近な問題であれば何でも容認するということではなく，探究学習が扱う問題は，学習の進行に従って科学的概念が理解され，プロセススキルズが養成されるとともに科学的態度が養われるものでなくてはならない。つまり，探究すべき問題は，単に答えを出す問題ではなく，シュワブにおける流動的探究が示すような解決を要する問題である。さらに，子どもにとって解決できそうな見通しがもてるような適度な困難さがあることも，大切な要素である。その意味で，学習の自立をめざす生活科の趣旨ともつながるのである。

さて，このような問題の提出には，前節で述べたデューイの探究の先行条件が示すように，問題が潜在する問題情況が必要である。そのためには，教師の側に問題提起のストラテジーが要求されよう。森川(1973)は，探究学習における一般的なストラテジーを示しているが，その代表的なものをまとめると，次の通りになる[20]。

〇質問法

教師が出す質問には，「収束的質問」と「拡散的質問」があるが，発見への動機付けができるのは後者である。また，発問計画になく授業の展開の中で出される質問は「臨機応変の質問」である。

〇発見への招待法

アメリカ生物科学協会(BSCS)でシュワブの提唱した「探究への招待」に基づく。「教師から生徒へ」という質問の部分と「予想される生徒の反応」という部分から成り，段階的に質問と応答を繰り返して，次第に探究過程に誘導していく方法である。

〇絵入りクイズ

事実が生起しない状態を描いた絵を見せて，間違いを指摘させたり，正しい図であるが2つの事象間の異同を考えさせたりする。

〇プロジェクト法

模型を製作するとか，カエルの骨がバラバラになっているのを骨格標本としてまとめるとかにより，まとまった課題を与えて作業をさせることにより必要な目標が習得できるようにした方法である。

これらのストラテジーは，探究における問題的情況のように，主に授業の導入段階において問題場面を提示する目的で発案されたものであるものの，見方を変えれば，教師主導による活動過程を構成するきっかけともとれる。しかし，流動的探究を目指して指導上のストラテジーが研究され，授業研究の中核として位置づけられたことの意義は大きい。

ガニエ(Gagne,R.M.)は「学習を引き起こす一連の要因として，学習者が特定の新しい学習を開始する以前にすでにもっている能力がある[21]」と，学習はゼロから始まるのではなく，学習者は以前に学習した能力を内的条件として構成していると述べている。こうした基礎的な能力や知識は，探究学習を進める上でも大きな要素になる。戦後の問題解決学習が，各方面で批判された要因の一つには，このような基礎学力を軽視し，経験させる過程だけを問題にし，それに終始したからとも考えられる。

探究学習を純粋な科学教育の視点からだけで論じようとすると，科学の原理を追求する小学校中学年以降の理科学習において存在価値のある学習であろう。しかし，ガニエの内的条件を考慮すると，幼児期から小学校低学年までの段階で，探究する力や科学的態度につながる体験的な学習活動を教育課程に盛り込んでおくことが必要になる。

幼稚園から高等学校までの学校教育に，アクティブ・ラーニングを連続させ段階的に探究学習を組織すると仮定すると，発達段階の初期において探究的な学習を如何に取り入れるかが問題になる。この点について降旗(1974)は，「幼稚園教育は，前探究学習として位置づける。ここでは遊びを中心として基礎的なことがらを総合的に学習する[22]」と，探究学習の基礎としての前探究学習を示している。前探究学習は，ガニエの学習の分類によると弁別学習（discrimination learning）[23]に相当し，環境に存在する事物の属性を区別することを指すのではないだろうか。つまり，発達段階として幼稚園から続く小学校低学年期においては，知識学習が先行することなく，探究学習を視野に入れ遊びや生活を通して知識獲得のための基礎的能力である探究力（幼稚園教育要領の領域『環境』で示されている「探究心」と関連付けられるもの）の育成に重点が置かれなければならないだろう。

参考文献・引用文献

1 降旗勝信（1974）『探究学習の理論と方法』明治図書 ,pp.50-51.

2 Schwab,J.J./ 佐藤三郎訳（1970）『探究としての学習』明治図書 ,pp.8-9.

3 Schwab,J.J./ 佐藤三郎訳（1970）『同上書』,pp.15-16.

4 Schwab,J.J./ 佐藤三郎訳（1970）『同上書』,p.18.

5 Schwab,J.J./ 佐藤三郎訳（1970）『同上書』,p.20.

6 Schwab,J.J./ 佐藤三郎訳（1970）『同上書』,p.20.

7 Schwab,J.J./ 佐藤三郎訳（1970）『同上書』,pp.53-55.

8 Schwab,J.J./ 佐藤三郎訳（1970）『同上書』,p.65.

9 Schwab,J.J./ 佐藤三郎訳（1970）『同上書』,pp.71-72.

10 Schwab,J.J./ 佐藤三郎訳（1970）『同上書』,p.61.

11 Schwab,J.J./ 佐藤三郎訳（1970）『同上書』,p.99.

12 Bailey,L.H./ 宇佐美寛訳（1972）『自然学習の思想』明治図書

13 Kilpatrick,W.H./ 市村尚久訳（1967）『プロジェクト法』明玄書房

14 森川久雄（1973）『理科教育要論―探究の過程へのアプローチ―』東洋館出版社 ,p.21.

15 降旗勝信（1974）『前掲書』,pp.17-18.

16 降旗勝信（1974）『前掲書』,p.18.

17 森川久雄（1973）『前掲書』,pp.60-61.

18 文部省『学習指導要領　理科編』大日本図書 ,pp.8-28.

19 森川久雄（1973）『前掲書』,pp.64-68.

20 森川久雄（1973）『前掲書』,pp.101-107.

21 Gagne,R.M./ 金子敏・平野朝久訳（1982）『学習の条件　第三版』学芸図書 ,p.23.

22 降旗勝信（1974）『前掲書』,pp.103-104.

23 Gagne,R.M./ 金子敏・平野朝久訳（1982）『前掲書』,pp.119-128.

生活科における探究

1. 具体的な活動や体験の解釈

生活科の教科目標の冒頭に「具体的な活動や体験を通す」ことが明示されている。文部省(1989)によると生活科設立当時から，具体的な活動や体験とは，「例えば，見る，調べる，作る，探す，育てる，遊ぶなどの学習活動であり，また，それらの活動の様子や自分の考えなどを言葉，絵，動作，劇化などによって表現する学習活動である[1]」と規定されている。それは，直接体験を重視し，表現活動を含めた多様な学習活動を展開することに他ならないのである。

具体的な活動や体験がとりわけ強調される理由について，中野(1990)は，「体で学ぶことの大切さは，だれもが指摘するところである。人間形成にあって，体全体で学ぶこと，すなわち，『体得』の重要性は，改めて指摘するまでもないことである[2]」と述べ，具体的な活動や体験が強調されるのは，わが国の学校教育が伝統的に教科書を中心とした知得に傾いていたことに対する反省をその背景としていることを示している。

また，中野は，「貧しい社会にあって子供たちは，家庭や地域社会での生活が体得の場であったのである[3]」と，これまでは，例えば，家庭における手伝いにおいて，体得の場が保証されていたことを論じている。この見解は，デューイが，活動的な仕事(occupation)を教育的価値の高い経験として位置付ける視点と共通する立場であると解釈できよう。

生活科における活動や体験は，学習者が自分の身体を直接的に用いて具体的な行為（環境との相互作用）を為し，そのなかで思考作用が見出せるものである。これは，デューイの経験(experience)の本質そのものと認めることができる。その理由は，デューイが，「経験というものの本質は，特殊な結びつき方をしている能動的要素と受動的要素を経験が含んでいることによく注意するとき，はじめて理解することができる[4]」

と述べていること，「思考という要素を何ら含まないでは，意味をもつ経験はありえないのである[5]」と述べていることである。つまり，経験においては試みることと起こることとの関係を認識させる反省(reflection)の機能が，その要素として存在しているのである。

2. 探究としての具体的な活動や体験

デューイの理論において経験に反省の機能が伴うことには，これまで考察した探究の概念が適用される。また，経験というものは，探究（問題解決学習）により更新されることは，既に示したところである。杉浦(1992)は,「教育とは探究の展開を通しての経験の改造である[6]」と述べ，探究は知性の働きの最も優れた形態であるとして，教育の諸活動を行う際には，探究は意識的目的をもって行動することを可能にする探究の価値に注目すべきだと力説する。

生活科における具体的な活動や体験では，先ず子どもが能動性を発揮することが求められる。そこには試行錯誤中心の活動すら含むものであるが，目的は「単純に体を運動として動かすことが能動性なのではない。体を動かすことによって，知的な活発さを引き起こすことが大切である[7]」と，文部省が生活科の発足時に学習指導上のポイントとして示したが，デューイの理論を適用すると，探究としての思考作用により原因と結果を関係づけるものでなければ，学習の連続性は見込めないと考えられる。つまり，生活科では，単に活動や体験を為せばよいのではなく，その目標が「自立への基礎を養うこと」とされていることからも推察されるように，活動の方向性を肯定づけるためには，探究を通して経験が質的に向上しなければならないと考えることが必要であろう。

高浦(1989)も,「たとえ『遊び期』や『仕事期』の子どもの指導においても，教師は『探究』指導はだめだとあきらめずに，（中略）『探究』の構造を考慮しつつ，そのような方向へと絶えず指導の手を加えることが大切である[8]」と，デューイの探究を踏まえた学習指導が早い時期から徐々に始められるべきであることを指摘する。

このように，生活科における学習においては，体験の情意的側面のみが強調されることなく，学力あるいは生活力の基本構造を提供するためにも，知的作用による思考操作が問題視されよう。それは，デューイが示す人間本来の問題解決行動としての探究が，子どもの活動過程における指針として，また，教師が学習指導を行う規準として生かされなければならないことに他ならないからである。さらに，探究学習が問題追求の方策としたシュワブが示した流動的探究や，学習の過程における学習態度や学習技能の育成も併せて図られ，生活科が前探究学習としての機能を果たす視点も，中学年以降の学習との接続を問題にする場合，検討しなければならない要件であろう。

3. まとめ

生活科における体験的な学習は，デューイが示す経験の域内にあると考えると，学習者自身が探究を展開することを通して，自らの経験の更新がなされなければならない。

本章では，アクティブ・ラーニングにつなげる視点から，基本的にデューイが示した探究の概念を捉えるとともに，理科教育の分野で，その考えが及ぼした効果や提供された手法を取り上げることから，生活科において援用可能な学習原理を探った。

先ず，デューイの探究については，探究は情況の変容によること，5つの探究の過程（相）や観察と推理の交互作用としての探究の操作，開かれた心・誠心誠意・責任性で示される探究の態度にも着目しなければならないだろう。特に，生活科設立の背景とされた当時の新学力観成立の要件として，探究が成立するための情況に関して，質的思考理論を考察し，学習の質の向上や，生活科独自の認識の形である「気付き」を高める立場からは，今後も十分な検討を行う必要があろう。

また，生活科の創設当時に，杉浦(1993)が，「生活科は，低学年において実践されるがゆえをもって，自らを科学と継絶させてはならない。子供たちの新鮮な驚きや素直な疑問こそ科学への道である[9]」と，科学的探究としての生活科の存在を示したことを思い返す必要があろう。さらに，理科教育においては，探究の成果としての知識や概念よりも子ども自身が探究する過程が検討対象となった探究学習における具体的な学習方法や環境活用の先行研究から，生活科学習の理論化を図る必要があるだろう。それは，シュワブが提唱した流動的探究や探究的教育課程，AAAS(アメリカ科学振興会)によるプロセス・アプローチにおけるプロセススキルズ，ディードリッヒによる科学的態度等である。これらには，デューイが探究の構造で示した過程(相)・操作・態度等が深く影響を及ぼしていると考えられるからである。

これまで検討してきた探究学習に関わるものは，主に科学教育の分野での提唱であったが，その本質はデューイの探究の理論と関連付けられる。よって，アクティブ・ラーニングとして再び生まれ変わるべき生活科における学習の要件として，これまで検討してきた探究の諸要素を受け入れることが可能になってくるとも考える。つまり，生活科の学習活動においては，子ども固有の認識の萌芽である「気付き」の生成と質的向上が望まれているが，それには，言語活動を通して思考力を中心として創造力や表現力を高める授業場面を想定しなければならない。つまり，学習活動において，「習得・活用・探究」を実現する過程では，探究としての学習の諸要素が当然必要となってくると考えるのが妥当である。

アクティブ・ラーニングの流れを受けての生活科のリニューアルは，授業論における理論的基礎付けを行い，具体的な実践で進めなければならないが，教師の指導法の改善と共に整備したいのが，子どもの主体的な活動を支援する学習環境づくりである。田中(2015)は，「アクティブ・ラーニングは，児童生徒の教科学力や汎用的能力を育て，主体的で協同的な学びを支える教育環境の充実なくしては，十分に成立しえないものである[10]」と述べ，主としてICT環境の整備を提案している。子ども達の主体性や創造性を育み，言語活動を活性化させ学習活動におけるコミュニケーションを成立させるためにも，これからは，ICT機器の整備や活用等により豊かな学習環境が提供され，子ども一人一人の探究の過程が授業場面においてより可視化されることが望まれるのである。

参考文献・引用文献

1 文部省(1989)『小学校学習指導書　生活編』教育出版,pp.7-8.

2 中野重人(1990)『生活科の理論と方法』東洋館出版社,p.34.

3 中野重人(1990)『同上書』,p.34.

4 Dewey,J./松野安男訳(1975)『民主主義と教育（上)』岩波文庫,p.222.

5 Dewey,J./松野安男訳(1975)『民主主義と教育（上)』岩波文庫,p.230.

6 杉浦美朗(1992)『初等教育の在り方を求めて―デューイ教育学の展開―』日本教育研究センター,p.91.

7 文部省(1989)『前掲書』,p.57.

8 高浦勝義(1989)『生活科の考え方・進め方』黎明書房,p.208.

9 杉浦美朗(1993)「生活科の基礎理論を問う―デューイから学ぶもの―」『日本デューイ学会紀要』(34),p.138.

10 田中博之(2015)「アクティブ・ラーニングを充実させる教育環境づくり」『教育展望 2015年9月号』教育調査研究所,pp.28-29.

(付記)

本章は，下記の論文を加筆・修正して再構成したものである。

金岩俊明(2016)「探究としての生活科学習に関する考察―アクティブ・ラーニングとしての可能性を見据えて―」神戸女子大学文学部紀要 49,pp.79-100.

生活科の系譜

生活科の教科理念は，大正自由教育の先進的な教育実践や学校の姿に遡ることができる。戦後の経験主義教育や，総合・合科学習の実践から教科の設立を見通す。

1節 大正自由教育運動

1. 大正自由教育運動の展開

大正デモクラシーと称され，民主主義が高揚した大正時代前後において，欧米の新教育運動の直接の影響を受けた自由教育運動が起こり，昭和初期にかけて実践的研究が進める学校が設立された。大正自由教育運動は，従来のヘルバルト主義に基づく画一的で教師中心主義による硬直した教育に対して，デューイ (Dewey,J.) らの児童中心主義の思想により，児童の存在や個性を尊重した自由主義教育が展開された。

中野 (1968) によれば，大正自由教育の位置は「大正自由教育においても，欧米の『新教育』理論や実践からの影響は少なくないが，開発教授法や五段階教授法の受容が，ペスタロッチやヘルバルト派の理論の形式のみを日本の教育の内部的条件の成熟を無視して移入したのに比べると，その態度において主体的であり，したがって日本の教育現実に対する批判的認識と，『臣民』的人間像を立憲政治下の『公民』的人間像へと変革する教育目標の把握が前提になっていた[1]」とされる。つまり，本運動の意義は，明治期以降の学校教育が文明開化当初の成果をあげ，ほぼ全国に定着した状況において，児童中心主義に基づく独自の教育目標を掲げ，教育方法の芽生えが認められた点にある。さらに，第二次大戦後の教育改革において，文部省の学習指導要領作成に際して貴重な教育遺産として再評価されたことは，本運動が，民主主義に基づく教育理念であり，今日的価値の高いことを示している。

自由な教育思想による教育改造は，実践の姿として概ね二つの流れの中で実現されていった。まず，新設の私立学校によるものである。代表的な学校としては，沢柳政太郎による「成城小学校」や，羽仁もと子の「自由学園」，野口援太郎の「池袋児童の村小学校」，また昭和に入っては小原國芳による「玉川学園」等が挙げられる。また，師範学校附属小学校を中心として特色ある教育理念による試みがなされ，全国の公立小学校の教育実践に影響を及ぼした。例えば，明石女子師範附属小における及川平治の「分団式動的教育法」，千葉師範附属小における手塚岸衛による「自由教育」，奈良女高師附属小の木下竹次の「合科学習」，東京女高師附属小における北澤種一の「作業教育」等が典型的な実践であった。これらの実践は，いずれも生活科の誕生に影響を与えたと考えるが，本節では生活科誕生の趣旨や学習の在り方の基礎を考察するため，教育理念としては及川平治と木下竹次の立脚点を把握し，実践としては野口援太郎らの「池袋児童の村小学校」の教育内容および方法を取り上げる。

2. 及川平治の教育理念

(1) 概要

1907 年に兵庫県明石女子師範附属小学校に主事として着任した及川平治は，三大主張の「①静的教育を改めて動的 (機能的) 教育となすべきことの主張，②教育の当体 (児童) に存する事実を重んずべきことの主張，③真理そのものを与うるよりも真理の探究法を授けるべきこと[2]」に基づき，「為さしむる主義による分団式教授法」による教育改革に乗り出した。その背景には，明治期以降続いてきた固定的な児童観を改め，児童の生活経験を基に主体的な教育活動を創造し，その過程において知識や技能を身につけさせ，「児童本位の教育」の実現を目指した。それには，経験主義の影響を受けた自らの理想が根底に存在していたと考えられる。

「児童本位の教育」の要点としては，以下の事項が示された[3]。

・教育の目的を，児童の必要に応じて具体化すること。

・児童の学習過程を尊重し，これに従って教育の過程を定むること。

・児童の学習上の流儀に従って教科を分類し，各科の学習法を定むること。

・教科課程に児童を従属せしめずして，児童の能力に応じ課程を斟酌すること。

・教科書をもって，児童の学習細目，研究資料となすこと。

・児童の学習時間割を作り，教室を学習室となし，かつ児童用学習机を設備すること。
・教科目のために教科目を教育する弊を破り，すべての教科目をもってまず郷土生活問題を解決する道具となし，さらに進んで，国民生活問題を解決する道具となすこと。

要点の記述から見えてくることは，児童は教育において客体として教えを受けるべき存在と固定的に位置づけられるのではなく，生活実態や衝動を教育における出発点として，児童の存在を柔軟にとらえようとする児童中心主義の視点である。つまり，これまでの教科中心の教育思潮とは逆の発想を示すことが，画一的注入主義に対する自らの挑戦の始まりと，及川は確信していたと考えられる。

このように，児童を静的（固定的）見地からではなく動的（流動的）見地から展望する姿勢は，デューイらのプラグマティズムの影響を受けた及川の教育の目的と方法を構想する際の基本的な立脚点であった。その主張の詳細については，表3-1の静的教育法と動的教育法の比較が顕著に表すところである[4]。

表3-1　及川平治の静的教育法と動的教育法

項目	静的教育法	動的教育法
題材	題材の構造が主となった	題材の機能が主となった
学習意識	研究の目的は確かに意識されない	児童は意識的に学習した
知識の扱い	児童は知識を収納した	児童は知識を発見した
知識の活用	知識が堆積した	知識を消化した
学習方略	記憶によりて学習した	思考によりて学習した
学び方	教師の講話を聴いた	為しつつ学んだ

（及川・中野（1972）『分団式動的教育法』より作成）

(2)　自為力＝学ぶ力，為す力

及川は，自為力を「個人が成果を作出する力を意味する[5]」と定義した。自為力には個人のあらゆる機能が含まれるものの，特に為す力と学ぶ力が重視されるのである。自為力は類型できるものの，心力と体力は依存的に連合されるという立場がとられる。つまり，意識はある刺激に対して適当な呼応（運動）をするために存在すると見なされるのである。この心力と体力は依存的に連合されるという理論に基づき，及川は，再適応あるいは学習のためには次の諸能力が必要と考えていた[6]。

・都合よく適応せざるばあいには，適応の欠乏を感ずる力。
・適応にもっとも都合のよい反応は何であるかを知る目的をもって実験的活動をなす力。
・自分の活動が十分に成功すべき反応であるか，ないかを感じまたは知る力。

三つの力のうち，学習の発動において，「感ずる力」や「感じること」は，第一義的な心力である。及川は，これらを特に「情感的意識」あるいは「感情」として重要視し，「この感情は学習作用を催進し，同時に，成功せざる反応の抑止または消去を強要して学習を導きまする。またこの感情がなければ，実験すなわち学習は始まることもなくまた終わることもないのである[7]」と述べている。この見解は，生活科における児童固有の気付きを理解する際に，内的な情動あるいは感性が，学習の問題を見付け，主体的に解決する学習能力を培う目的において育むとする学習指導要領の基本理念と関連が深いだろう。

(3) 地位

及川は，動的教育において児童が学習動機を起こすには，適当な「地位」が必要であることを強調した。「地位」は「学習の際における児童の立脚点」であり「境地」であるともされ，表3-2に類別されている[8]。

及川は，児童には固有の「地位」があるものの，教師は児童の実態に

表3-2　動的教育における「地位」

類別	地位	実際の教育における見解
一類	新地位と旧地位	旧地位に立って解決ができぬことを感ぜしめて新地位に移らしめよ。

二類	実際的地位と類似したる地位，想像的地位	実際的地位に立たしむることができぬばあいに想像的地位に立たしめよ。
三類	よき地位と悪き地位	始めはよき地位に立たしめて，十分に研究せしめ次に困難なる地位に立たしめよ。
四類	支配不能の地位，研究者の地位と使役者の地位	支配不能の地位に立たしめて動機を喚起し，研究者の地位に移らしめて系統的研究をなさしめ，使役者の地位に立たしめて十分に練習応用せしむるべき。

（及川・中野（1972）『分団式動的教育法』より作成）

即して，第一類から第四類までのそれぞれの類型における二つの対立する「地位」を使い分け，一人一人に立脚した学習の動機付けを図らなければならないと考えている。これは，児童の旺盛な学習動機を喚起することに重点を据える動的教育が，第一義的に検討する課題でもあった。

3. 木下竹次の学習原理

(1) 「学習」とは

木下竹次は，1919 年，奈良女高師附属小学校に主事として着任し，1941 年の退官まで，長期にわたり自らのライフワークである「学習」法の立案に基づいて教育実践を行い，反省的に研究を重ねた。これらの業績は，機関誌『学習研究』，主著『学習原論』及び『学習各論』等に掲載され，体系化がなされた。

木下は，「教育」が教師の側面から眺められるのに対して，「学習」とは児童の側から眺める言葉だと規定した。そして，「学習」の概念を日常的に用い，「学習とは学習者自らが教師指導の下にある整理された環境の中にあってみずから機会を求め，みずから刺激を与え，みずから目的と方法とを定め，社会に依存して社会的自我の向上と社会文化の創造とをはかっていく作用である[9]」と「学習」の能動性と発展性を仮定し，児童の教育に責任をもたねばならない教師は，児童の側に真の「学習」が成立することを目指さなければならないとして，「学習」研究の必要性とその範囲を提起した。

(2) 「学習」の性質

木下は,「学習」の目的は「学習」によって遂げられるとして,「学習は何か為すことだ。学習は生活だ。実に学習は心身全体の活動だ。その中には思索もある,感銘もある,行動もある[10]」と考えた。また,「学習」の全体性や総合性に着目するとともに,「学習」には次の具備すべき4要性があるとした[11]。

(発動的学習)「学習」を発動的にする。
(創作的学習)「学習」を創作的にする。
(努力的学習)「学習」を努力的にする。
(歓喜的学習)「学習」を歓喜的にする。

4要性は,人間本来の性格を考慮して定められ,それらは単独で成立するのではなく,互いに関係して存在すると仮定される。つまり,全人格が発達する「学習」において,4要性は当然備わっており,その姿こそが「学習」の生活化であるとしている。つまり,全人的な発達においては,相互関係を為すこれらの「学習」すべてが習得されなければならず,それにより望ましい「学習」の習慣や態度が形成されるのである。

そこで,現行の学習指導要領の「主体的・対話的で深い学び」における生活科学習の在り方を探るため,また,教科特性として注目される創造性や遊戯性に関係が深いと考える「創作的学習」と「歓喜的学習」を検討する。

○「創作的学習」

木下は,児童の自律性に支えられた自己活動によって培われる創作的な学習態度について,「学習者は,自己の活動性を基礎とし心身の作用を適当に活動させて,自から工夫研究し自から評価し自から事実の成果を得て文化の創造と自己の発展とをはかるところの創作的態度をとって学習せねばならぬ[12]」と示し,この態度こそが,児童と教師が共に成長する道筋であると仮定した。

つまり，「創作的学習」を為すためには，身体的な能動性だけではなく，活動において創造的な思考や客観的な評価の機能が必要であることを強調したのである。一方，教師の側としても環境の整備や，個に応じた働きかけを計画的・構造的に行うという努力が不可欠の要素であると分析している。創作の要件については，児童自ら発見した適切な規範に基づく学習方法の自由を認めること，個性適応の指導を為すこと，年齢を考慮すること，学習に要する設備を充実すること等を挙げている。特に，学習方法や基礎学力が十分でない低学年の児童は創造的学習ができないため，教師による教え込みが，学習効果をあげるのではないかという固定的観念を否定した。

そして，適当な施設経営をなせば，幼稚園においてさえも「創作的学習」ができるとした。また，「初学年の児童でも最初から教室に閉込めずに，試に春に野山に導け。かれらは教師が命令を待つまでもなく活動するであろう。有目的的活動をすることは何の不思議もあるまい。すなはちかれらは自由に生活する。その間に直感，講話，綴文，描画，歌謡，計算，製作等種々の学習動作が起こる。教師がそれに指導を加える。かれらは独自学習もすれば相互学習もする。かれらは自己の目的活動をとげんがためにあるいは模倣を利用しあるいは教示をこい，自分の必要に応じて種々に工夫創作して学習をとげる[13]」とする言説には，児童の自然性による無限の可能性を認め，発達に即して相応な学習計画をもたせることが，教師主導の画一化された指導よりも効果的であることの意義が述べられている。児童本位の興味に応じて，体験的で個性的な学習活動を認めることが，自律的学習の基礎を培うと解釈でき，自然な生活の内に「学習」そのものが生起することを理想とする木下の姿勢が見受けられる。

○「歓喜的学習」

木下は，学習の過程や結果に享楽することが，真の学習を創造し，そこに自己実現の快が得られるとし，「歓喜的学習」は，困難や面倒，苦痛を排除せず，歓喜的に学習するための次の方法を有効とした[14]。

・学習方法の体得
・何事もうち明けられる教師
・歓喜的に学習しうる境遇と心身
・学習動機の範囲拡張
・学習材料の生活化
・過度の調和的発展を要求するな
・修養と歓喜

これら7項目は，先に述べた「創作的学習」と共通する要素の多いことが指摘できるが，これらの項目においては，児童と教師との信頼関係の必要性や，歓喜的（遊戯的）な態度の重視にその特徴がみられる。真の「歓喜的学習」も，児童が自己活動の本能の上に立って価値を創造し，発動的に学習するという学習原理に立つことは当然であり，教師は単なる知的な享楽に陥らないように指導しなければならない。

(3) 学習の順序

これまでの教育では，「独自学習」と称され予習や復習がなされてきたが，それらは教授の従属的活動であったとし，内在している自己活動の可能性を信じ個別学習の原理を適用し，学習の基本的な道筋は，先ず「独自学習」を行い，それを基礎にして「相互学習」に入り，再び「独自学習」に移って深い補充的学習を為すとした。

○「独自学習」

「独自学習」が，「直観も製作も実験実行等もみな包含しているものだから学習者の年齢，貧富，強弱等に関係なくみな相応に家庭でも独自学習ができる[15]」とする見解から，「独自学習」は適応範囲を広くもっていることが推察され，「独自学習」は全ての児童が能力に関係なく，自発的に取り組めることができる性質を有すると考えられたのである。また，「独自学習」は，単独で行う学習に限定されず，学習の深化を図るためには，学習者間において自由と協同の精神が要求され，相互の交流が為されなければならないと考えられていた。このような留意点を含め，木下は，「独自学習」の留意事柄を，次のようにまとめている[16]。

・新聞を読むように，修得しうる部分を漸次拡張する。
・独自学習はとうていやめられない。
・時間節約をする。（学習帳への記録，前後の学習材料の明確化，短時間で集結する方法の開発，教師の配慮，環境整理）
・相互学習後に独自学習を行う。
・団体内の学習を用意する。

これらの点から，「独自学習」といえども，目標が設定され，努力により向上しなければならないと考えられている。また，直接的には「独自学習」は学習者独自の行為ではあるが，教師に対しても環境の整備や個に即した配慮等を求めている。

○「相互学習」

「相互学習」の必要性について，木下は，「個別指導が種々の方法によって遺憾なくおこなわれるにしても学習者は各自を社会化して社会的人格を養成する必要がある。ここにおいて独自学習から一歩を進めて相互学習をする必要が生まれてくる[17]」と述べている。個人の能力が優れ，集中して「独自学習」ができていたとしても，「相互学習」に移り，ひとつの社会である学級内における作用を受けることが，「学習」を深化させるためには不可欠な要件であるとする立場をとる。また，「相互学習」において学習者が行うべき課題について，「自分の疑問を提出して解決を乞うことと自分の意見を提出してその批評を乞うことの二つである[18]」として，学習者自身の「学習」における自己責任性に言及している。

木下の理論にあって，学級は固定化した教授のための組織とする概念を乗り越え，「学習」の深化に際して学級における集団の働きであるコミュニケーションの作用に注目しなければならない。それは，「相互学習」の理念に代表されるように，学級集団の育成においては，個に対する学力保障に止まることなく，集団の育成が求められる。つまり，自由教育をより大きな枠組みでとらえようとしていた木下の見地が見出せる。

4. 池袋児童の村小学校の実践

(1) 設立まで

大正自由教育運動の影響により，多くの新教育思想に基づく私立小学校が生まれた。その結実とも称されるのが，池袋児童の村小学校である。池袋児童の村小学校は，野口援太郎・下中弥三郎・為藤五郎・志垣寛の4人によって計画され，関東大震災の影響で設立の危機があったにもかかわらず，野口邸の一部を校舎として，1924年に開校するに至った。野口らは，開校に先だって「教育の世紀社」を発足させ，次の5項目の教育精神を掲げた[19]。

① 吾々の信ずる教育は，個々人の天分を存分に伸展せしめ，これを生活化することによって人類の文化を発達せしむるにある。

② 吾々の信ずる教育は，児童の個性が十分に尊重せられ，その自由が完全に確保せらるる教養の形式においてのみ，その目的を達しうる。

③ 吾々の信ずる教育は，児童の自発活動が尊重せられ，その内発の興味に対して新鮮なる指導が行はれる時にのみ可能である。

④ 吾々の信ずる学校生活は，生徒及教師の自治によって一切の外部干渉を不要ならしめ，進んではそれ自体の集団的干渉をも不要ならしめん事を期する。

⑤ 吾々の信ずる教育においては，自己の尊厳を自覚すると同時に，他の人格を尊重する人たらしめ，全人類に対する義務を尽すに勇ならしめんことを期する。

5項目の教育精神に高い理想を掲げたが現実の直視が不十分であったことについて池田(1970)は，「純粋な新教育への情熱による理想主義的傾向が濃厚であった。それを裏がえせば，理想のみが先走って，資本主義下における私学経営の困難さを，軽視していたうらみがあったことは否定しえないのである[20]」と，運営の困難さを指摘した。

多くの課題を抱えて，校長以下4名の専任教員と3名の専任講師，3名の研究生という指導組織を擁し，61名の児童で発足した。池袋児童の村小学校では，教科の自由はもちろん，時間割の自由，学習場所の自由，さらに児童が教師を自由に選択する権利を有し，経験こそが教育課程であるとする徹底した児童中心主義に立脚する教育の原理があった。

(2) 教育実践の姿

① 親自然

教育綱領の一つに「親自然」の項目があり，「児童の村の教育は常に教室を校外にまで延長し，そこに感官を超越した大きな力が子供たちの魂の上に及びかけて行くものあるを期待する。況んや四時風物の変異育成するを科学的に研究すべく，実験場としても最も有価値なるものあるをや[21]」と記載され，学習の場を，身近な自然に求めた。特に，「夏の学校」は，ほぼ半月に及ぶプログラムで，時間割に基づく学科の復習は排除され野外での直接体験が盛り込まれた。

実践の中で，教師が児童の潜在的可能性を認めるようになることについて，中野(1980)は，教員であった野村芳兵衛の手記を引用して，「野村はこのような子供との共同生活をとおして重要な発見をする。それは『教科書の勉強は一先ず別にして，教育にはこうしたあそびから直接展開する児童らしい創造や研究が豊かにあるのだ，ということがわかるようになった。そして，自然の中の児童たちというものを，勇敢に認めるべきだということがわかって来た』というのである[22]」と示し，野村が，自然の中で自ら遊びを通して学んでいく児童は，独自の文化を創造する存在であることを発見したことに注目した。

②「参観記」より

教育週報社時代の『教育の世紀』誌上の児童の村参観記(4月号)には，教育の実情が一人の記者の眼から映し出されている[23]。

日本一の自然な学校，として名高い東京市外池袋児童の村小学校の実際を観た。(中略)村の子供はよく土いぢりをしている。土を耕す，種を下す，苗を植える，盆栽を育てる。学園の此処彼処に小さい山がある谷がある。川も通じトンネルも掘られてある。休みの時間には，冬枯の雑草が一面を覆うた，ひろびろとした隣接の空地で，逃げる，追う，転がる起きる。大自然の懐に思ふ存分喜戯して居る。

この情景を目の当たりにした記者は，児童の姿に心の安らぎを覚え，教室における授業を参観した後，次のような感想を述べている[24]。

従来の教育は，多くは口舌上の概念的な教訓によって児童生徒に臨んで居た。それでは本当に生活を指導することはむづかしい。(中略) 村では成るべく協同生活をすることによつて自然に人の道を会得させるといふ方針である。而して生活それ自身によつて人の道を会得する産婆役として生活科を特設し，よい童話や純な児童文などによつて，生活のことを考へさせるやうにしてある。

文中の「生活科」なる教科の実体には，「生活が陶冶する」という教育思想の下，児童のありのままの生活を直視することの必要性を見つめようとした児童の村の教育指針の一端が窺えよう。

海老原(1991)は，後の主事の土井竹治の集約を引用して，児童の村の独自の教育課程は，大正自由教育の到達点であると述べている。その主な事項を要約すると表3-3の通りである[25]。

表3-3　池袋児童の村小学校の教育課程

事項	説明・要点
学級	50人余りの子供が4組に分かれる。
時間割	子供と教師の相談で毎日定める。家庭においても学習は続ける。
幼学年	充分遊ばせ充分作らせ充分に聞かせ充分に観させる。愉快に生活させる。
学習	独自学習の後，講座学習をさせる。

個性	個性に適した方法で学習する。
発表会	毎週１回開き，互いに楽しみながら互いの個性を尊重する。
成績	指導はするが評定はしない。悪い所は自分で訂正し，善い所は皆で鑑賞していく。父兄への通知は学習態度や学習進度の報告。
生活	毎朝登校したら自分の生活を話し合い，それが教科の学習に進展する。
理解	外形的の規律はなく，ただ内なる中心の叫びに従うだけである。

（海老原（1991）『現代日本教育実践史上』より作成）

土井の集約から，学校では徹底した自由教育思想が貫かれていたことが分かる。すなわち，自由活動により個性的な学習が創造され，それがカリキュラムに位置づけられ，教師から学習として認められたのである。また，生活と学校での学習が相互に連続し，生活すること自体が教育そのものであるとする生活教育の視点も重視されていた。

5. まとめ

及川が示した「児童本位の教育」の概要は，動的教育法や自為力の理念，学習動機に関わる地位であった。そこには，全ての児童は教育の営みにより救済できる確信が存在していた。それは，明石女子師範附属小学校で，自らの成績不振児の指導を通じて得られた教育理念が，個別性の原理によるものであったことと関係が深いのだろう。個別性の原理は，教育の内容や方法を一人一人の側から眺めることであり，児童固有の衝動を教育の出発点と為すことでもあった。この理念は，当時，教育の主体は教師や教材であり，児童は客体に過ぎないとされていた潮流ではなく，デューイのコペルニクス的転換に影響されたとも考えられる。

いずれにしても，生活科において「主体的な学び」を実現する際には，及川が動的教育法で示した児童の自為力や自己活動の重視，さらには経験主義に基づく作業の導入等，当時の欧米の教育動向を敏感に受容した数々の理論や実践に学ぶことが少なくない。また，教科と生活経験の統合は，「深い学び」につながる学習環境と位置付けられる。

一方，木下が「学習」という概念に，教授・訓練・養護の作用を内包したことは，明治以降から伝統的に続いてきた画一的な教育に反省を促す契機になったと考えられる。そこでは，知育の尊重が再認識されたのである。木下が，当時の学校を「教科書学校」と批判し，知識偏重の教育に挑戦したことは，その事実を端的に表している。また，合科学習の理論は，児童の生活と学校とが統合されるべきだとする木下の生活を重視する教育理念が感じられ，実践の姿からは，児童の学習や生活の自立を目指す生活科教育が学ぶべき点が多い。「主体的・対話的で深い学び」として児童の側に立つ学習が，創造的に展開されることを学習の質的転換とする学習指導要領の立場において，木下の「学習」論は大きな示唆を与えるものであり，その理念から多くを学ばなければならない。

池袋児童の村小学校は，経済的基盤が軟弱であったため，1936 年に閉校され，主として目白学園に引き継がれた。児童の村小学校においては，極めて短期間ではあったものの，徹底した児童中心主義に基づく理想の小学校が実現された。それは，大正自由教育運動が結実した一つの実践の姿と位置付けることができ，戦後の経験主義思想へ影響した試みであったとも評価できる。また，池袋児童の村小学校が，個性を重視したカリキュラム編成をなし，評価活動においても，児童の活動を尊重し相対的評価としての評定を廃したこと，とりわけ形成的な評価活動を取り入れるとともに，周りの人との相互関係において自己を高めていくことを大切にした姿勢を維持したことは，生活科における気付きの質の高まりに関連して注目されよう。さらに，現代では児童の生活における自然離れの門題が取りざたされているが，児童の本性を見出すために積極的に野外の自然を教材化していた事実から，その教育的効果に学ぶ点は多い。

参考文献・引用文献

1 中野光 (1968)『大正自由教育の研究』黎明書房 ,pp.17-18.

2 及川平治・中野光 (1972)『分団式動的教育法』(世界教育学選集 ;69) 明治図書出

版,pp.20-27.
3 及川平治・中野光(1972)『同上書』,pp.191-192.
4 及川平治・中野光(1972)『同上書』,p.68.
5 及川平治・中野光(1972)『同上書』,p.41.
6 及川平治・中野光(1972)『同上書』,p.42.
7 及川平治・中野光(1972)『同上書』,p.42.
8 及川平治・中野光(1972)『同上書』,pp.62-63
9 木下竹次・中野光(1972)『学習原論』(世界教育学選集;64)明治図書出版,p.21.
10 木下竹次・中野光(1972)『同上書』,p.48.
11 木下竹次・中野光(1972)『同上書』,pp.49-94.
12 木下竹次・中野光(1972)『同上書』,p.60.
13 木下竹次・中野光(1972)『同上書』,p.68.
14 木下竹次・中野光(1972)『同上書』,p.87-93.
15 木下竹次・中野光(1972)『同上書』,p.239.
16 木下竹次・中野光(1972)『同上書』,pp.240-243.
17 木下竹次・中野光(1972)『同上書』,p.248.
18 木下竹次・中野光(1972)『同上書』,p.249.
19 中野光・高野源治・川口幸宏(1980)『教育名著選集③児童の村小学校』黎明書房,p.16.
20 池田種生(1970)「児童の村小学校」小原國芳『日本新教育百年史②』玉川大学出版部,p.388.
21 中野光・高野源治・川口幸宏(1980)『前掲書』,p.44.
22 中野光・高野源治・川口幸宏(1980)『前掲書』,p.45.
23 中野光・高野源治・川口幸宏(1980)『前掲書』,pp.75-76.
24 中野光・高野源治・川口幸宏(1980)『前掲書』,p.77.
25 海老原治善(1991)『現代日本教育実践史上』エムティ出版,pp.255-257.

2節 戦後の経験主義

1. 戦後の経験主義教育における新教育の胎動

(1) はじめに

連合軍の占領下で，文部省が 1946 年に発表した「新教育指針」は，戦後教育改革の基本方針を示したものであった。その基本的精神には，大正自由教育運動の影響が認められる。「新教育指針」は，戦前の画一主義的教育の反省と批判に立ち，教育の内容を細かく規定し強制するのではなく，教育の方向性だけを示すことにより，教育現場の実情に応じた教育が創り出されることを期待しての性格を有していた。

1947 年の「学習指導要領一般編 (試案)」により，小学校における教科の基準は，国語・社会・算数・理科・音楽・図画工作・家庭・体育および自由研究とされた。とりわけ，新設された社会科は，「従来の修身・公民・地理・歴史を，ただ一括して社会科という名をつけたというのではない。社会科は，今日のわが国民の生活から見て，社会生活についての良識と性格とを養うことが極めて必要であるので，そういうことを目的として，新たに設けられたのである[1]」という説明が示すように，戦後に打ち出された公民科の構想を軸に，児童の現実生活の問題を中心として問題解決学習を展開することをねらいとし，実践的な社会的知性や社会改善への意欲や情熱を育てようとしたものである。社会科においては，経験主義の旗印のもと，カリキュラム論議を含めて教育現場における試行実践が華々しく展開されることになる。

(2) コア・カリキュラムの編成

社会科の指導計画作成において，コア・カリキュラム研究が積極的に行われた。倉澤 (1949) は，①中心教科 (core subject) としてのコア，②必須学習 (required course) としてのコア，③中心学習 (core program) としてのコアの 3 段階が存在し[2]，近代コア・カリキュラムは，「コアすなわち中心学習というのは，すべての生徒に共通に課せられる基本的な必須学習であって，しかもその学習活動が，伝統的な教科別にかかわりなく組織された，全体カリキュラムの中心部分である[3]」と定義されると説明した。一方，梅根(1977)は，「コア・カリキュラムということばは，リンゴの核の部分を指すこともあるし，核のあるリンゴ全体を指すこともあるということを承知しておいていただきたいのです[4]」と，単に中核カリキユラムを示す場合と中核カリキュラムと周辺カリキュラムの両方を指す場合があることを示し，コア・カリキュラムについて倉澤よりも広義的な解釈をした。コア・カリキュラムの特質について，倉澤の要旨を引用してまとめると以下の通りになる[5]。

①民主主義の精神を理解し，民主生活の問題に取り組ませこれに対する理解と態度と技能を身につけさせる「基本的」と考えられる学習活動からなる。
②総合経験によって総合的人間の育成を目指すため，多くの場合教科の境界を無視し，教科カリキュラムの建て前を捨て，経験カリキュラムないし活動プログラムで，児童生徒の欲求と活動を自由に存分に生かす。
③学習活動を計画する際には，社会生活の主要な機能をスコープ(scope)とし興味の中心や経験の領域をシーケンス(sequence)となす。この枠組みの内に学習単元(unit of work)の方式を導入する。
④コア学習は，プロジェクト的ユニットを為す。
⑤単元の中心問題に，すぐに役立たないような技能の練習に，長い時間をかけない。
⑥1日のプログラムのうち，比較的長い時間をとる。小学校では60分から100分を充てその間に休息と娯楽を入れる。
⑦生徒の身近な欲求や問題や興味を中心に教師と生徒の協同計画をひろく用い，また教師の特殊能力を生かすため，多くの教師の共同計画と共同指導をすすめ，そのための配慮をすることが多い。

このように，コア・カリキュラムは，経験主義教育理論に基づくカリキュラム統合の形態であった。それは，児童の興味・関心から，生活における中心問題を単元として一つのまとまりを形成し，スコープとシーケンスにより望ましい活動を配列し，教師と児童との共同活動によりプロジェクトを問題解決的に進めるという基本線に立つものである。

しかし，1950年以降は，コア・カリキュラム論について批判的な意見が多くなった。その理由は，総合教科として発足した社会科が，経験を前面に出すだけでは分科主義に基づく流れに対抗できなかったためであり，コア・カリキュラム連盟が妥協案として「三層四領域論」を提案したことや，日本生活教育連盟と名称変更をしたこと等の動きと相応するものであった。

2. 明石附小プラン

(1) 基本的見地

教育の基礎を人間の生長と発達に置くという基本的な命題の下，児童の存在を表3-4のように規定し，児童が環境に働きかけ自己更新する過程を生活の過程と位置づけた[6]。

表3-4 明石附小プランの基本的見地

児　童　観	生活の位置付け及び学習観
・児童は独自の存在である。 ・児童は全体として活動する。 ・児童は自己に意味あるものを学ぶ。 ・児童は学習に対する欲望と能力をもっている。 ・児童の発達は方向づけられるべきである。	・生活は問題解決の連続過程である。 ・児童の生活は常に学習過程である。（学習とは，人が学習の状況の変化に即応して，自己の行動を改変して新しい状況によく適応させていく進歩的な過程を意味する。） ・学習活動はよき生活環境の内で行われる。 ・児童の学習生活は指導を必要とする。

（兵庫師範女子部附属小学校（1949）
『小学校のコア・カリキュラムー明石附小プランー』より作成）

これらの記述から，児童の潜在的な能力を肯定し，児童の生活を取り上げることが，学習そのものであるとする姿勢が読みとれる。また，学習は児童だけに任せるのではなく，教師の指導が必要なことも明記されており，児童の現在の経験だけで教育が為されるという誤った経験主義とは，立場を異にするものであることが理解できる。

(2) 学習の全体計画

全体性を重視し，その目標を調和的人間の育成に求める上で，児童の一般的要求に応えるための中心学習・基礎学習と，個人的要求に応えるための自由研究が想定され，全体として統一的な学習計画がなされた。

教育課程上主要な部分であった中心学習は，児童の社会生活における基本的問題・生活問題解決の学習として中核的立場に置き，中心学習では問題を発見し計画し解決していく活動プロジェクトの形をとり，構成的表現的活動を主体とした生活創造がなされ，その過程において必要な基礎的諸能力や技能，態度が養われる。また，基礎学習設置の意図は，中心学習を一層豊かにするために，民主教育における人間形成を目指した情操の教育，社会的に必要な基本的な技術の習得のための技術の学習，身体の調和的発達として特に必要な基礎的部面としての健康の教育が想定された。これらは，中心学習においても行われる教育であり，中心学習と基礎学習が有機的に融合することにより，学習の全体性が維持できるものと考えられていた[7]。

(3) 教育細案

指導の実際は，教育細案に示されている。1・2学年の月別指導計画に記載されている単元及び実践例は表3-5の通りである[8]。

表3-5　兵庫師範女子部附属小学校1・2学年の月別指導計画

月	1年の単元	2年の単元
4	学校めぐりをしよう	2年生の用意をしよう
5	舞子公園へ遠足しよう	学園を花で飾ろう
6	めだかすくいをしよう	八百屋ごっこをしよう
7	明石の海岸へ貝ひろいに行こう	せんたくごっこをしよう
9	食事を楽しくいただこう	郵便ごっこをしよう

10	電車ごっこをしよう	須磨浦公園へ遠足しよう
11	ままごと遊びをしよう	秋の野山めぐりをしよう
12	積木遊びをしよう	おもちゃを使っていろいろな遊びをしよう
1	かるたあそびをしよう	お家の人たちとたのしくくらそう
2	お医者さんごっこをしよう	お友達の病気見舞いをしよう
3	おたんじょう会をしよう	お客さまごっこをしよう

（兵庫師範女子部附属小学校（1949）
『小学校のコア・カリキュラムー明石附小プランー』より作成）

単元名を眺めると，活動プロジェクトとしての明確な目標を有していることが想像できる。また，生活実態に即した内容も編成されている。特に，「～ごっこ」で表記されるように，幼児教育の中心である総合的な活動としての遊びが，活動の中心となっている単元が多いことが特筆される。表 3-6 に，単元計画例を紹介する[9]。

表 3-6　兵庫師範女子部附属小学校２学年の単元計画

<table>
<tr><td colspan="2">[単元]「おもちゃを使っていろいろな遊びをしよう」</td></tr>
<tr><td colspan="2">[目標]
○　玩具を使って楽しく共同して遊ぶ方法を工夫させ遊びの醇化を図る。
○　おもちゃ屋を見学して，いろいろな玩具がいかにして生産され販売されるかを知ると共に，正しく玩具を使い大切にする態度を養う。
○　ひご，洋紙，厚紙等をつかっていろいろな玩具を製作させ，これが技術の向上を図ると共に，工作製作の態度を養う。
○　価値ある展覧会を企画し実施する態度を養う。</td></tr>
<tr><td colspan="2">[展開の一部]</td></tr>
<tr><td>中　心　学　習</td><td>主　な　基　礎　学　習</td></tr>
<tr><td>いろいろなおもちゃを集める</td><td>○　歌曲「玩具の汽車」を歌う (情操―音楽)
●　きれいなおもちゃの写生 (情操―美術)
○　空想を交えないで真実のことを正確に話し合う (技術―言語)
○　二位数の加減の計算練習をする (技術―数量)
◎　追かけ鬼 (健康)</td></tr>
</table>

おもちゃを使って遊び方の工夫をする	● 参考書「おもちゃ」(情操—文学) ○ 遊びを素材として加減第一段階の作題とその解題をする(技術—数量)
[評価の規準](12項目より一部抜粋)	○ 明瞭に発表する態度はどうか(観察) ○ 協議に参加する態度と能力はどうか(観察) ○ 一定の規準に従っておもちゃを分類する能力はどうか(評定) ○ 乗法九九を理解し活用する能力はどうか(テスト)

(兵庫師範女子部附属小学校(1949)
『小学校のコア・カリキュラムー明石附小プランー』より作成)

※基礎学習のうち，○は中心学習を豊かにするために，別に取り上げて練習はしないが，基礎学習分野の領域から考えて特に注意を要するもの。●は中心学習で行われるものであるが又中心学習の児童の活動を豊かにするために特に基礎学習として時間を別にして練習を要するもの。◎は，スポーツ，リクレーションの時間に行う活動に分けて記載したもの。

※中心学習は，「おもちゃ屋の見学をする」「いろいろなおもちゃを作る」「作ったおもちゃの展覧会をする」と続く。

本単元は，クリスマスを控え，おもちゃへの関心が高まった機会を捉えて設定され，季節の行事との関連が窺える。単元目標は4つでほぼ中心学習に対応し，表記の仕方は具体的な行動目標に続き価値目標が示される流れで統一されている。中心学習は，最後の「おもちゃの展覧会」というプロジェクトでまとめられる展開であるが，単元の導入部分が，自分のおもちゃを持ち寄るという生活からの自然な流れになっているため，教師の意図的活動はあまり感じられない。一方，おもちゃ屋の見学活動が入り博覧会開催のための伏線を為していると考えられるが，他の単元においても同様の見学が位置づけられており単元展開においてパターン化の傾向は否めない。よって，おもちゃの製作活動が単元の中心であるならば，児童の製作意欲が高まった時点ですぐに製作に取りかかり，十分な時間を保障することが大切であろう。

基礎学習においては情操・技術・健康の三領域がバランスよく位置づけられており，記号（○●◎）分類により指導の方式も明示されている。特筆されることは，何よりも活動の流れを重視していることであり，別に取り出して指導する事項は最小限に止められている。また，評価の規準は，活動ごとではなく単元を通して定めてあるが，内容面で見ると，単元全体に渡る事項と特定の活動だけに関わる事項に分けることができる。後者においては，指導細案の該当箇所に挿入しておくとより明瞭であろう。また，評価の方法は，観察が 10，評定が 3，テストが 1 で観察が多いことは，中心活動における事中の評価を重視し活動の高まりに役立つ指導行為であり，指導に生かす評価を目指すものであろう。つまり，個に即して個性的な活動を肯定する努力が表れている。

コア・カリキュラムとしての明石附小プランでは，生活は問題解決の連続過程であるとの立場から，児童の生活は常に学習であり，学習とは，状況の変化に即応して，自己の行動を改変して新しい状況によく適応させていく進歩的な過程を意味するとした学習観である。とりわけ，社会生活における基本的問題・生活問題解決の中心学習では，児童は問題を発見し計画を立て解決していくプロジェクト学習が勧められた。これは，表現活動を重視し，その過程において必要な習慣や技能，態度を養うとする生活科学習に通じている。また，基礎学習は，中心学習を一層豊かにするために，人間形成のための情操の教育，社会的に必要な基本的な技術の習得，身体の調和的発達として健康面の教育が想定された。これは，合科的な学習を一層推進する生活科学習の指針となろう。

参考文献・引用文献

1 文部省（1947）『学習指導要領一般編』日本書籍 ,p.13.
2 倉澤剛（1949）『カリキュラム編成』誠文堂新光社 ,pp.180-183.
3 倉澤剛（1949）『同上書』,p.183.
4 梅根悟（1977）『梅根悟教育著作選集 6 コア・カリキュラム』明治図書 ,p.25.
5 倉澤剛（1949）『前掲書』,pp.180-183.
6 兵庫師範女子部附属小学校（1949）『小学校のコア・カリキュラム－明石附小プラ

ソー』誠文堂新光社,pp.3-5.
7 兵庫師範女子部附属小学校(1949)『同上書』,pp.6-7.
8 兵庫師範女子部附属小学校(1949)『同上書』,pp.63-129.
9 兵庫師範女子部附属小学校(1949)『同上書』,pp.63-129.

生活科コラム④

大阪市立吉野小学校
池田知之

「生活科にありがとう！」

私は，今年で退職します！　長い間教員をやってこれたのは，生活科があったからです。そこで，最後にお礼を言いたいと思います。３つの点で「ありがとう」と言います。

① 「遊びが学習」と言ってくれた。草花遊び，虫採り，おもちゃ遊び，どんぐり拾いなど，大手をふって，授業時間に遊ぶことができました。

② 「テストをしなくていい」採点が苦手だったので，テストのない生活科が憩いでした。当初は教科書もありませんでした。何でも自由にできました。

③ 「素敵な子どもの笑顔を見ることができた」これが何よりです。先生も子どもも一緒になってメダカの学校のように「誰が生徒か先生か」という時間を共有できました。

これからも，生活科がこの３つを失わずにずっと続いてほしいと願っています。

3節　総合・合科学習の推進

1. 低学年教育の課題

中央教育審議会(1971)は，学校教育の総合的な拡充整備のため，初等教育の改革について，「とくにその低学年においては，知性・情操・意志および身体の総合的な教育訓練により生活および学習の基本的な態度，能力を育てることが大切であるから，これまでの教科の区分にとらわれず，児童の発達段階に即した教育課程の編成のしかたについて再検討する必要がある[1]」とし，低学年の総合・合科検討の必要を示した。

さらに，教育課程審議会は「審議のまとめ」(1976)で，低学年の教科の編成は現行のままとしながらも，「学習指導要領上の措置を含めて低学年における合科的な指導を従来以上に推進するような措置をとることが望ましい[2]」と，総合・合科学習の一層の推進を示し，学習指導要領総則(1977)で，「低学年においては合科的な指導が十分できるようにすること[3]」が述べられ，幼稚園教育と小学校教育との接続に関する論議で，低学年の教科編成の在り方が問題視され，幼稚園教育と通じる総合・合科的な学習が小学校においても推進されることになった。

2. 総合・合科学習へ

導入の直接的動機について今野(1985)は，次の3点を指摘した[4]。

・いわゆる“低学年児童の心身発達の特性”を，幼稚園教育および中・高学年期の教育とのそれぞれの“連携”の問題にどのように位置づけたらよいか，についての実験的研究と実践を志向したい。

・地域および社会的生活環境の変化に対応して，集団生活や具体的な事象に関する“直接的体験”の場を確保し，児童たちの主体的・内発的な学習意欲や集中力の回復を意図したい。

・いわゆる知的な学習や基礎的学力の習得にとっても，活動や体験などによる“豊かで鋭い”感性的・情意的な側面の育成の重要性を指摘したい。

本指摘には低学年教育の困難さの克服や，学校教育と生活との分離を懸念して三者の融合を目指す方向性，さらには人間性の回復を教育に求めるという根本的な要請が含まれていると考えられる。長岡（1983）は，総合・合科学習の要因を10項目示し，今野の指摘の他にも，学際的問題解決力の必要性やブラウデン報告に端を発した先進国の動向，日教組等の研究や授業時数削減の方向等の様々な背景が存在すると提案した[5]。

このように，総合・合科学習には多くの要因や背景があり，内実が異なっていることが問題化した。小泉（1986）は，総合・合科学習には，次の3つのタイプがあると整理し，表3-7のように命名した[6]。

表3-7　総合・合科学習における三つのタイプ

タイプ	特徴や位置付け
合科的学習	教科の目標はそのままにして，目標を達成するために，より有効な手段として，いくつかの教科を結びつける。あくまで教科の達成を主眼とする。
合科学習	子供の経験や生活に即した活動をさせる新しい教科と位置づける。低学年教育の再考により，幼・小連携の試みを探る性格を負う。
総合学習	特定の教科にとらわれずに，あるいは通常の教科学習では学習できないような課題を追求したり，体験したりすることを目指す。特定の課題をさまざまな角度から追求あるいは問題解決の遂行，創造活動などが行われる。

表3-7　総合・合科学習における三つのタイプ
（小泉秀夫（1986）『子どもに根ざす教材開発』より作成）

小泉の見解によると，説明の上では合科の度合いにより整理できるが，当時，学習指導要領の改訂に伴って学校現場で行われた実践を眺めるとその区別を明確にすることはできないと考えられ，合科的な指導が総合学習と称して曖昧に行われた場合も少なくなかったことが推察できる。

3. 実践の姿

総合・合科学習の実践として，お茶の水女子大附属小学校の「創造活動」を示す。「創造活動」とは，「人間として生活するのに基本的に必要な技術や能力や態度を育てる場であり，自主活動や自学というように，学校という集団の中で，どのようにして，ひとりひとりの能力や個性にあった教育ができるか，どうしたら自ら考え行動する児童を育てることができるかという課題に応えるための方法である[7]」であり，教育課程における３領域にとらわれず創造性教育の方策としてそれらの枠を越えたところで展開される学習である。これは，小泉の総合・合科学習における分類をあえて適用するならば，総合学習に位置づく立場である。

「創造活動」誕生の背景には，お茶の水女子大附属小学校の前身である東京女高師附属小学校が，大正自由教育運動の中で「作業教育」を推進したことや，戦後においてもその再提案を行うなどの歴史的な教育遺産に学ぶ研究姿勢が脈づいている。「創造活動」のねらいとしては，豊かな人間性を築くことを目指して，「学校という集団の中で（子ども教師も含めて），ひとりひとりの個性や能力を生かし，自ら考え行動し，それが全体のためにもなる[8]」という図式が示された。

「創造活動」のねらいは次の４点に絞られている[9]。

- 自発的・主体的に学び行動する態度の育成
- 集団における連帯感の育成
- 環境に対する豊かな感受性の啓発
- 既得の能力（教科学習の重要さも含め）を総合し創造する能力の育成

「創造活動」の時間は１，２年において週３時間とされ，週総時数の中で学年担任の裁量で活動の内容や時間等が任されている。各学年の単元及び実践例は次の通りである[10][11]。

[第１学年]

①がっこうってどんなとこ　②みんな生きている　③大きくなる子

④わたしたちのお正月　⑤春をむかえる

[第２学年]

①２年生の春　②学校から外へ　③たいようのおくりもの

④人につたえる　⑤のりもの

実践例　第１学年「がっこうってどんなとこ」

[全体を通したねらい]

・建物，施設それをとりまく自然などを通して学校を認識し，自分をとりまく人とのかかわりの中から学校をとらえていく。

・個の能力を伸ばし，人間性を高めていく中で，学習への基礎的な力をつけていく。

[単元構成]

中単元として，「わたしをよろしく」「みんなのやくそく」「がっこうたんけん」「がっこうのひとたち」の四つが区分され，それぞれにおいて具体的な活動が示されているが，発達段階を考慮すると子供においてはこれらの学習を区分することが困難である。そのため，総合的な扱いになり，それらは密接に関連しながら進められるものとしている。このような発達段階に基づいた配慮は，入学して間もないこの時期において当然のことであろう。

[主な活動]「わたしをよろしく」を例に

○　隣の人と顔を描きあう。(ひとりからふたりへ)

○　ファミリーごと４人ずつ，画用紙に貼る。(ふたりから４人へ)

○　１枚の絵を描く。(4人で力を合わせて)

「創造活動」においては，児童の生活の基盤である身近な友達関係が重視された。また，その関係は固有の活動によっても深まると考えられ，児童の豊かな表情が絶えず溢れるように，指導上において配慮された。「創造活動」を中心とした実践による児童の変容は，学習に取り組む態度が前向きになった，学習方法が多様化した，学習結果をまとめる力が伸びてきたことが指摘された。つまり，発達段階に即応した総合学習では，学習意欲が喚起され，創造的かつ自立的に活動することで，自分なりに活動を進める自信をもつことができるようになったと考えられた。

4. まとめ

生活科の新構想に向けた諸実践では，低学年において子どもの発達段階を考慮して総合・合科学習を一層推進することが望ましいとされながら，そのねらいが不明瞭であったり，時間的にも物的にもゆとりがなく指導が困難であったりして，総合・合科学習が定着するまでには至らなかった。しかし，このような背景においても，中央教育審議会の教育内容等小委員会は，1988 年に「審議経過報告」を公表し，小学校低学年の教科構成の検討が始まった。この流れの重要性については，臨時教育審議会の「教育改革に関する第二次答申」で，「小学校の低学年の児童は，発達段階的には思考や感情が未分化の段階にある。こうしたことや幼児教育から小学校教育への移行を円滑にする観点から，小学校低学年の教科の構成については，読・書・算の基礎の習得を重視するとともに，社会・理科などを中心として，教科の総合化を進め，児童の具体的な活動・体験を通じて総合的に指導することができるように検討する必要がある[12]」と指摘した方向性が，端的に示している。さらに，教育改革に関する第三次答申「就学前の教育の振興」の項で，「小学校低学年における教科構成について幼稚園・保育所との関連を考慮するほか，幼稚園・保育所・小学校の関係者からなる連絡協議会の設置や教員・保母・幼児などの交流により，子供の円滑な連続的成長が図れるようにするとともに，地域社会の子供としての健全な育成が図られなければならない[13]」とされ，審議に際しては幼・小の関連はもとより，地域に根ざした学習力が創造されなければならないとの言及があった。

お茶の水女子大附属小学校の「創造活動」のねらいは，児童が自らの力で学習を構築することを前提として，その過程で人間としての感性を磨くことや，集団の一員としての社会的な立場を自覚し人間らしく生活していく資質が問題にされていた。これは，生活科における多面的な気付きを自分自身と関係付ける気付きの質的向上に他ならない。

文部省の研究開発学校等では，総合・合科学習の研究が活発になされたにもかかわらず，全国的には必ずしも普及しなかった。今野（1985）は，「たとえば，83年3月現在での“計画実施”は4%程度という報告（全国連合小学校長会による全国1101校の調査や学校適応研究会による131校，313名の教師に関する調査など）がある[14]」と，総合・合科学習のねらいが不明瞭なため，その実践が普及していないと指摘していた。それは，総合・合科学習の今日的意義は，「子どもたちの生活や認識や感性の“実態”からかけはなれている学習抽象化を克服するために，教科内容や教材を真に主体的・能動的な生活や経験や活動と結合させること（現実化）にある[15]」とする点で示され，この論点は生活科本来の学習論を考える際には再確認することが必要である。つまり，学習を断片的な知識の習得と見なすことなく，学習は，子どもの全体性や内面的統一性の回復であり，それは現行の学習指導要領の資質・能力である「学ぶに向かう力・人間性等」で示される人格形成の課題でもある。

参考文献・引用文献

1 教育事業研究会（1981）『中央教育審議会答申総覧』ぎょうせい ,p.225.

2 教育課程研究会（1977）『教育課程審議会の答申』ぎょうせい ,p.130.

3 文部省（1977）『小学校学習指導要領』明治図書 ,p.7.

4 奥田真丈・河野重夫・今野喜清編（1985）『幼稚園・小学校の教育改革』教育出版 ,p.280.

5 長岡文雄（1983）「総合学習の検討」日本教育方法学会編『学級教授論と総合学習の探究』明治図書 ,pp.138-139.

6 小泉秀夫（1986）『児童に根ざす教材開発』ぎょうせい ,p.207.

7 お茶の水女子大文教育学部附属小学校（1977）『ゆとりと充実を求める創造活動の時間』東洋館出版社 ,p.9

8 お茶の水女子大文教育学部附属小学校（1978）『自分を見つめ自分を育てる続創造活動の時間』東洋館出版社 ,p.25.

9 お茶の水女子大文教育学部附属小学校（1978）『同上書』,p.25

10 お茶の水女子大文教育学部附属小学校（1988）『低学年教育を創る』東洋館出版社 ,pp.215-220.
11 お茶の水女子大文教育学部附属小学校（1988）『同上書』,pp.31-42.
12 臨時教育審議会（1988）『教育改革に関する答申』大蔵省印刷局 ,p.91.
13 臨時教育審議会（1988）『同上書』,p.197.
14 奥田真丈・河野重夫・今野喜清編（1985）『前掲書』,pp.289-290.
15 奥田真丈・河野重夫・今野喜清編（1985）『前掲書』,p.291.

生活科コラム⑤

神戸市立ひよどり台小学校
長谷川　優歩

「小さな気付きを楽しむ」

元気いっぱいな１年生の担任をしています。昨年は２年生でした。２年生では，おもちゃランドをしました。子供たちと考えながら，楽しいおもちゃを作り，１年生を招待しました。工夫あるおもちゃを作るには，友達と話し合ってアドバイスし合う，対話的な活動が必要だと学びました。１年生では，朝顔を育てました。毎朝，水やりをしに行き，観察していたため，教室に観察カードコーナーを作りました。子供たちは，休み時間に観察カードを描き，「葉っぱの表を触るとざらざらで，うらはつるつるなんだよ。」など小さな気付きを嬉しそうに話してくれました。授業だけではなく，日常化することでさらに気付きが増えるといいなと思います。これからの生活科も子供と一緒に楽しみたいです。

4節 生活科新設の情況

1. 生活科教育に関するさまざまな見解

生活科が目指すものとして，当時の文部省（現文部科学省）教科調査官として携わった中野(1989)は，体験の重視・個性の伸長・家庭や地域とのかかわりの見直しの4点を問題提起し[1]，「生活科は体で学ぶ教科である。そして，遊びも学習として認めた。このことは画期的といってよい。それは二十一世紀への学校づくりに一つの問題提起をしているのである[2]」と指摘しながら，全国の研究開発校を訪問するとともに，学校現場において生活科の本旨を生かした実践の広がりを期待した。

また，本教科を学習方法の予習(無意識的予習)と位置づけた森(1991)は，教科としてのねらいを「関心をもたせる」「考えさせる」「(習慣や技能を)身につけさせる」「(自立への)基礎を養う」の4点に整理し教科目標との関係を明確にした[3]。さらに，学力問題から大田(1987)は，本教科における「生活更新の学力」に着目し，児童自身が置かれた環境のなかで自然に展開する生活体験により，自己の学習スタイルを形成し，生活を拡充・深化・更新することを提起した[4]。一方，筆者(1994)は，求める力を「創造する力」「問題を解決する力」「人間らしさを培う力」として，創造的な学習や問題解決のプロセスの感得から児童一人一人を見据えた生活力の育成を目指し授業研究を行った[5]。

このような見解に基づくと，本教科のねらいは，教科の背景となる諸学問への系統的に配列された学習内容を児童に伝授する教科カリキュラムの論理ではなく，児童の生活の論理を基盤にした経験カリキュラムを重視していた。

生活科が単に学問領域等により選択された知識や技能を教授する教科ではなく，教科という概念枠にはまらないような児童の生活力を培う教科として設置された要因には，これまで断絶が指摘されてきた幼児教育と小学校教育との連続に対応しようとしたことを忘れてはならない。つまり，児童が幼稚園等における自発的な活動としての遊びを通して体得した諸能力を，学習における基礎的な力と認め，その延長線上に小学校の教育活動が根付くように機能することが期待されているのである。その意味で，生活科が遊びを学習として認めた背景の説明として，幼小の接続・発展があげられたことは，再考されなければならない課題であった。無藤(1994)は，本教科を媒介として，幼児教育と小学校教育はその理念や方法において緊密に繋がることが可能になったとしながらも，相互の教師による保育参観や授業参観においては戸惑いや批判が続出し相互理解ができにくい現状を問題視していた[6]。

2. 学習過程の提案

学習指導要領で，生活科は，具体的な活動や体験が教科の内容であり，方法であるとともに目標でもあるという位置づけがなされた。これは，児童が体験活動を行えばそれで目標が達成されるのではなく，自分自身の成長に結びつく自立への基礎を養う体験が必要であることを示している。それは，体験をどう進め有意味な学習にしていくかという学習論を議論する出発点になったのであり，探究としての問題解決的な学習論に基づき，いくつかの学習過程の提案がなされた。

清水(1993)は，現場の授業実践に実在する教師によってつくられたパック的な場面構成を批判し，体当たりの追求(究)という方法的能力の育成から中学年以降の社会科や理科等の学習に連続させるとして，①発想・構想，②参加・活動，③表現・交流，④吟味・評価の４段階を設け相互が関連するとした[7]。また，長岡(1992)は，問題解決過程を①計画を立てる段階，②追求する段階，③発表してまとめる段階の３段階から構成することを提案した[8]。さらに，筆者(1992)は，試行的な生活科の授業研究を踏まえ問題発見の場面を重視した問題解決が営まれるべきであるとして，学習の流れを①願いをもつ，②諸感覚を働かせて活動する，③自分をみつめ人と交流する，④新しい願いをもつと提案した

[9]。一方，高浦(1990)は，デューイの探究の概念を踏まえ，児童の活動や体験を通して，生活する力を豊かに高めていくことができる授業を実践するためには，学習単元の流れを児童の営む問題解決の活動として組織していく必要があることを指摘した。高浦は，活動の過程を，①人的，物的環境との出会いにより疑問なり願いをもつ，②欲求，疑間，願いの状況を整理して取り組む問題(課題)を決める，③問題を解決するための計画を考える，④計画にそって問題を解決するための活動に取り組む，⑤活動の後を振り返り，まとめ，表現するとしたのである[10]。

3. 生活科新設期の問題

当時の生活科実施上の問題点について，寺尾(1992)は，1992年からの小学校における学習指導要領の改訂の前年に，移行措置に伴って本教科が初めて実施された小学校100校の実態調査を行い，調査結果をまとめた。その内容は，生活科推進上の課題は多く，「生活科(合科的な指導も含む)の授業の組み立て方」(応答率61.6%)「年間指導計画の作成」(同57.8%)「学習環境の整備」(同51.4%)「評価の在り方の明確化と方法の工夫」(44.3%)「教職員の指導体制の確立」(同33.2%)「生活科(合科的な指導も含む)と第3学年の社会，理科への関係」(同17.7%)[11]が提出されていた。

これらの結果は，改めて生活科における学習指導上の困難さが客観化されるものと考えられた。特に，上記の課題の多くは，授業をいかに構成していくかに関わっており，生活科の理念を踏まえた望ましい授業展開がどうあるべきか，幼小の接続，中学年の教科学習へどのように結び付けていくかについて，確立していない現状が浮き彫りになっていた。

また，学習過程の提案に共通することは，その一つに，体験における学習過程を問題解決的な道筋としながら，特に導入段階における場面設定を重視することで，主体的な活動過程が構成できるように配慮している点である。学習の発端を工夫し活動意欲を高める工夫は，幼稚園教育において，環境を通して自発的な活動としての遊びが展開できるように計画されることと同様の配慮であろう。二つには，学習過程で探究力に着目したことで，自らの問題をつかみ思考し表現するという問題解決学習が為されるとする点である。これは，デューイが示す反省的思考(reflective thinking)が，生活科における学習として，問題解決場面においても，当然見出されるとする立場を支持するものであろう。

4.「主体的・対話的で深い学び」との関連

生活科の新設の潮流は，昭和43年の学習指導要領により，低学年社会科における具体的な観察を重視し理科において遊びを取り入れた指導を進めることから読み取れ，ゆとりと充実の学校教育の推進とともに昭和61年の臨時教育審議会答申で教科再編が示され，審議のまとめにより誕生という動きに認めることができる。生活科は，誕生当初より児童中心主義，生活体験重視の立場から指導原理において「主体的・対話的で深い学び」につながる理念や学習方法を指向していたと考えられる。

生活科の学びとして気付きについての捉え方は，設置当初から議論となり，前回の学習指導要領において統一した見解が出され，今回の改訂では気付きの質の高まりを「深い学び」と結び付けた。中野(2018)は，「気付きと思考は一体であり連続しているので切り離してとらえることは難しい[12]」とし，気付きが一人一人の認識であるという姿から気付きは思考の結果であり，次の自発的な活動を誘発するという意味では，思考の契機と捉えられたのは，生活科における気付きについての実践研究の成果と述べている。

これからは，幼児期の教育とのつながりを踏まえて生活科における「主体的・対話的で深い学び」をどのように再構成するかが課題である。文部科学省(2019)は，「小学校低学年においては，『幼児期の終わりまでに育ってほしい姿』を踏まえながら，幼児期の教育を通じて子供たちが身に付けたことを生かしながら教科等の学びにつなぎ，子供たちの資質・能力の三つの柱をバランスよく育成することが重要である[13]」とし，幼児教育の成果を受けて小学校教育が形成されることを示し，幼児教育関係者は小学校教育を「見通す」こと，小学校教育関係者は幼児教育を「踏まえる」ことを求めた。つまり，幼小教員の交流や共同研究を通して，互いの理解が深まることで教育的価値の共有を目指したと考えられる。その意味で，幼児期からの「主体的・対話的で深い学び」を通した一人一人の資質・能力が，例えば生活科における気付きの姿にどのように表れてくるかを検討していく実践研究を進めなければならない。

参考文献・引用文献

1 中野重人(1989)『生活科教育の理論と方法』ぎょうせい,pp.33-42.

2 中野重人(1989)『同上書』,p.44.

3 森隆夫(1991)『生活科の基礎・基本』エイデル研究所,pp.15-28.

4 太田美明他(1987)『生活科教育を考える』三晃書房,pp.139-140.

5 金岩俊明/今谷順重編(1994)『子どもが生きる生活科の授業設計』ミネルヴァ書房,pp.117-136.

6 無藤隆(1994)「幼児教育と生活科：互いから何を学ぶか」『日本生活科教育学会第3回大会発表要旨収録』,pp.186-191.

7 清水毅四郎(1993)「活動や体験の組織化の問題」『日本生活科教育学会第2回大会発表要旨収録』,pp.118-121.

8 長岡文雄(1992)『生活科教育』仏教大学通信教育部,pp.138-141.

9 金岩俊明(1992)「関心・意欲を高めるための指導の工夫」『全国小学校生活科研究協議会東京大会要録』,pp.251-253.

10 高浦勝義(1990)『生活科の指導計画と授業づくり』黎明書房,pp.35-36.

11 寺尾慎一(1992)「生活科の学習指導論的検討(3)」『福岡教育大学紀要(41-4)』,pp.63-97

12 中野真志・加藤智(2018)『生活科・総合的学習の系譜と展望』三恵社,p.126.

13 文部科学省(2019)「幼児期の教育と小学校の教育との円滑な接続の推進」『初等教育資料№985』東洋館出版社,p.3.

(付記)

本章は，下記の論文を加筆・修正して再構成したものである。

金岩俊明(2020)「学習指導要領改訂における生活科学習論に関する考察―生活科の系譜や設置当初の状況の再評価を通して―」神戸女子大学文学部紀要53,pp.35-57.

創生期の実践から

生活科実施の際，全国に設置された51校の文部省研究推進校がリードした。その実践は30年が経過した今でも，決して色褪せることはない。研究実践をリバイバルさせる。

1節 文部省研究推進校の概要

1. 地域や学校の様子

大阪市立五条小学校は，1913 年創立で大阪市の中心部にある天王寺区に立地し，学校周辺は大都市の中にあっても比較的閑静な住宅地にある。校区には公共施設が多く存在し，とりわけ文教地区として学校や病院等が多数存在する。しかし，児童が自然に触れ合える場所は数カ所の公園や街路樹等に限られ，学校環境での自然との関わりが求められる。また，地域住民の学校教育に対する期待は大きく，地域の諸団体の方々は教育の推進に関わって大変協力的である。

2. 研究主題

昭和 63 年度から平成 3 年度まで，文部省生活科研究推進校・教育研究開発校として，文部省が，生活科創設の直前に全国に設置した 51 校の研究指定校として 4 年間の先進的な実践研究を行った。

試行錯誤の中進められた研究では，生活科の究極の目標である「自立

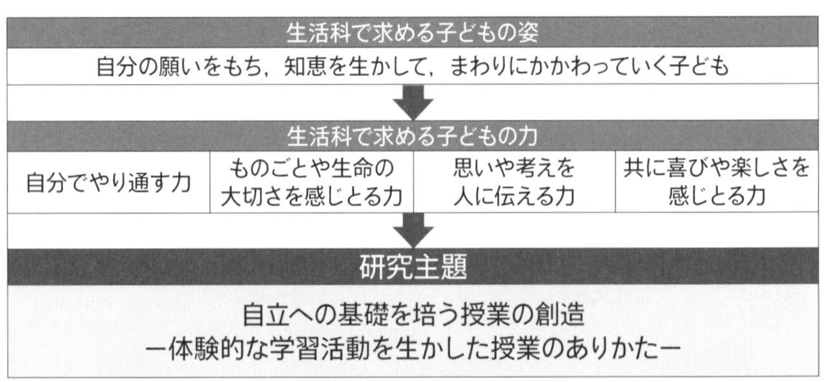

図 4-1　研究主題設定までの過程

への基礎を養う」ことを捉えるために，生活科で求める子どもの姿と子どもの力，授業を支える条件，大切にしたい学習活動と指導者のはたらきかけ，評価の観点と方法について明らかにすることになった。

3. 研究の足跡

(1) 生活科の調査・研究を始めた時期（昭和 63 年度）

昭和 63 年 4 月に，文部省の指定校に選ばれた。幸い，数年来の理科教育の研究で，学習意欲を大切にした問題解決のあり方を探っており，当年度はまとめの年であった。研究成果として，問題解決学習の過程には指導者の働きかけに工夫がいること，事実を鋭くとらえるためには「書く」「話す」などの表現活動が大切であることの実証ができており，この成果を生活科研究の原点に生かすことになった。

(2) 生活科授業研究と指導計画試案づくりを進めた時期（平成元年度）

生活科は，中心課題である具体的な活動や体験を核にした学習により子どもが体で感じとった生きた知識（知恵）を身に付けさせる教科と考え，指導計画づくりと並行して授業実践が進められた。当時，教科調査官であった中野重人氏の「授業を変える」試みが本校でもスタートした。また，子どもの姿と子どもの力が明らかになった時期でもあり，授業づくりの要件や指導者の支援，評価について活発な議論が交わされた。さらに，全教職員が組織的・計画的に年間指導計画「五条プラン」の作成に着手した。単元作成は，小グループで進められ，学習を支える地域等の環境リサーチや「生活科マップ」「生活科暦」の作成も並行した。

(3) 望ましい授業づくりと指導計画改善を進めた時期（平成 2 年度〜）

指導計画の改善は，授業実践とその評価により進められたが，観点として以下の 4 点が提示され，実践を進めた結果，「授業は生きている」との結論が導かれていた。

・子どもが意欲的に取り組み，意識が連続する体験的活動

・有効な表現活動の場と活動内容

・他教科との関連と時間数

・適切な教材・教具

参考文献

・大阪市立五条小学校生活科研究会（1991）『生活科　指導計画と学習指導の実際』
・大阪市立五条小学校生活科研究会（1992）『五条の生活科　授業づくりの工夫と展開』

生活科コラム⑥

神戸市立多聞の丘小学校
市丸真帆

「知恵を出し合う子供たち」

１年生の担任をしています。去年は２年生の担任をしていました。まだまだ経験は浅いですが，生活科の面白いところは，子供たちの気付きから学びが始まり，子供たちが経験を通して学びを深めるところだと感じています。２年生では，おもちゃづくりをしました。もっとおもしろいおもちゃにするためには……もっと速い車にするためには……と子供たち同士で知恵を出し合い，よりよいおもちゃを作り出す姿が印象的でした。

現在１年生では朝顔を育てています。毎朝，水やりをするのが日課ですが，水やりの中で開花を喜んだり，周りの友達の朝顔の成長に気付いたりと子供たちの感性の豊かさを感じます。これからも，子供たちの気付きや声から学びが進められるような，子供たちにとって楽しい生活科の実践ができるように努めたいと思います。

2節 研究内容

1. 指導計画「五条プラン」の作成

指導計画の作成に当たり，以下の三要素の検討が進められた。

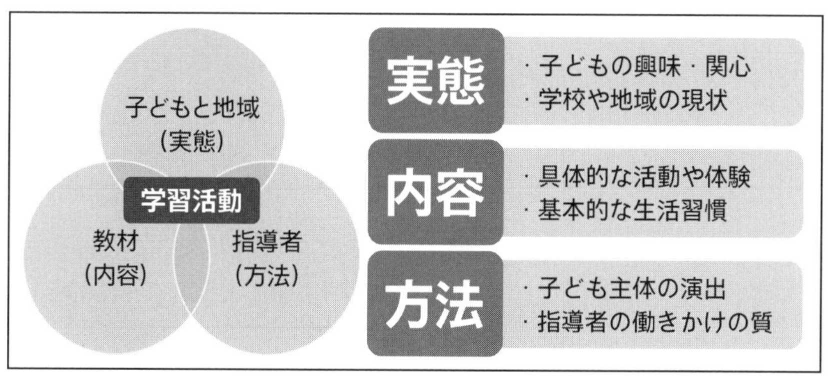

図 4-2 「五条プラン」の作成

生活科の特徴として，子どもの生活環境やリズム等の実態を捉えることが重視されているが，そこに地域や学校の実態を添えている点が注目される。また，学習内容としての体験活動を設定するためには教材をどう取り上げていくか，子どもが主役の学習において，指導者の働きかけ（発問・助言・環境構成等）の質がポイントであることを示している。

2. 学習過程と指導者のかかわり方

生活科の学習過程は，問題解決の過程であると規定され，中・高学年における「問題把握・予想・検証・まとめ」という探究の過程を重視しながら，低学年の子どもの発達の特徴に合わせてアレンジすることが求められている。つまり，子どもの思いや願い，やりたいことを身の回りの問題に位置づけ，体験活動を通して知恵を生かして進める学習過程が生活科の問題解決（探究）であるとされている。これは，中・高学年に続く問題解決学習の素地づくりであると考えられる。

図 4-3 が，学習過程として提案された。注目されるのが子どもの姿が中央に位置付けられている点である。子どもが主役の生活科を強くイメージしたものであり，その周りに問題解決学習の流れを踏まえながら，両矢印が示されている。生活科の学習過程は，子どもとの相互作用である。

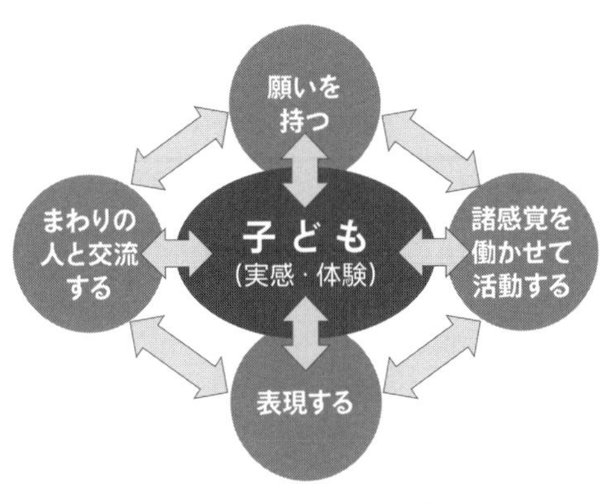

図 4-3　生活科の学習過程

3. 具体的な活動や体験の視点

生活科には，「こだわりの活動」や「とっておきの体験」が必要との認識に立ち，6 つの視点が示され説明されている。

☆「からだ」をつかいますか→自分の「からだ」を動かして考えます

☆みんな違ってもよいですか→ねらいに迫るアプローチの仕方が様々です

☆感動や興奮がありますか→トラブルやハプニングは大歓迎します

☆「つくる」楽しさがありますか→自分が楽しめるものに変えます

☆新しい疑問がわいてきますか→終着駅は，自分自身の関わりです

☆生きる知恵や技能が身につきますか→よりよい生活者としてのトレーニングをします

6 視点は，生活科の教科目標を踏まえたものであり一人一人の創造的な活動や体験が何よりも尊重されるとの指導者の思いが息吹いている。生活科にあっては，個性を生かす教育が進められるがその根本は，子どもが自ら考え判断して学習を進め，自信をもって表現活動に取り組む姿がイメージされている。また，子どもが主導する活動においてはトラブルやハプニングは付き物であり，その過程を克服することが自立への基礎に繋がると考えられた。学習過程の特質とも関連付け，指導者の適切

な働きかけで，主体的な学習活動が創造されることが明示された。

4. 学習評価

(1)　評価の観点

目指す子ども像に即して次の観点で進められた。表記は分かりやすく，指導計画の立案で示された問題解決学習と表現活動が重視されている。

表 4-1　評価の観点（研究 1，2 年目）

観　点	説　　明
できる	・興味・関心をもち，自分の願いをもって活動し最後までやり通したか。 ・友だちと協力して活動したか。
気づく	・諸感覚を働かせて，身のまわりを多様に観察したり，自分とかかわって様子や変化に気づいたりしたか。
あらわす	・したこと，見たこと，楽しかったことなどを，ことば，絵，からだなどで表したか。 ・したこと，見たことなどを自分の思いや考えと結びつけて説明したり，発表したりしたか。 ・道具，材料を生かして表したか。

研究 3 年目において，次の表記に改められた。

表 4-2　評価の観点（研究 3 年目～）

観　点	説　　明
いどむ	・対象に対して進んで関わろうとしたか。 ・友だちと力を合わせて，最後まで取り組もうとしたか。
あらわす	・自分の思いを具体的に表現したか。（説明や発表を含む） ・道具や材料を上手く使ったか。
気づく	・諸感覚をはたらかせて，身近な社会や自然の様子に気づいたか。 ・身近な社会や自然と自分自身との関わりができたか。

改定された観点は，学習指導要領で示された評価の観点である「生活への関心・意欲・態度」「活動や体験についての思考・表現」「自分や環境についての気付き」に準じ順番の変更と説明の修正が示された。新旧の 2 つの観点を比較して，第 1 観点の「できる」→「いどむ」への移

行が注目される。活動や体験について，当初はやり遂げるという解決の結果が重視されていたのに対して学習への姿勢に焦点が変更された。

(2) 評価の方法と評価資料の集積

表 4-3 評価の方法

評価	ね ら い	方 法
活動の評価	・学習の中での子どもの表情や態度，発言，行動が，自分の願いに迫る活動に結びついていたかをとらえる。	・観察する。 ・チェックカード（観察する観点を示したカード）につける。
作品の評価	・絵，作文，工作，ノートなどから，子どもの活動の様子や考えの変容をとらえる。	・絵，作文，工作などの作品を分析する。
子どもの自己評価	・子ども自身に自己の学習活動を振り返らせて，活動の様子や考えの変容を把握する。	・学習終了時に子どもが「ふりかえりカード」に記録する。 ・相互評価

活動の評価については指導者の見取りをいかに進めていくかの工夫がなされた。子どもと活動を共にするスタンスが必要であるが，子どもを観察し個の変容を確かめるため，図 4-4「チェックカード」と「学習の深まりカード」を重ね合わせて，子どもの特徴をとらえた。

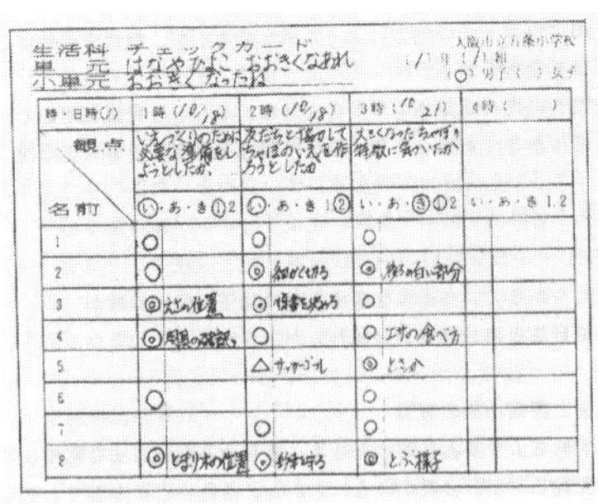

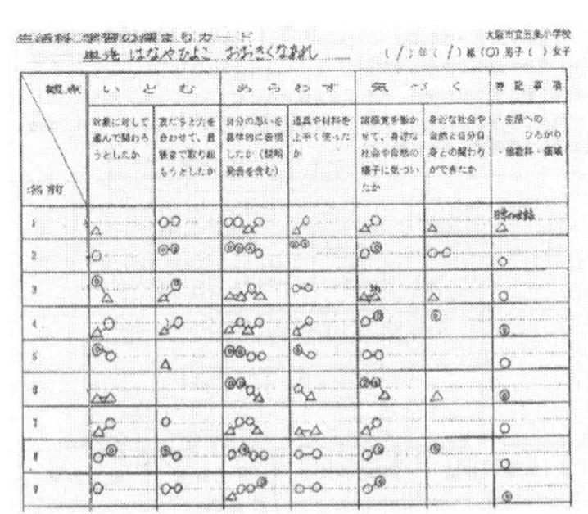

図 4-4「チェックカード」と「学習の深まりカード」

参考文献

・大阪市立五条小学校生活科研究会（1991）『生活科　指導計画と学習指導の実際』
・大阪市立五条小学校生活科研究会（1992）『五条の生活科　授業づくりの工夫と展開』

3節 指導計画

(1) 第1学年 (102時間)

第1学年は9単元で，各単元の時数は，「いしがつじこうえんであそぼう」の6時間から，継続的な飼育栽培活動の「はなやひよこおおきくなあれ」の21時間までと大きな幅がある。各単元とも複数の内容との関連が確認でき，各単元の学習内容に工夫が見られる。第1学年の特徴としては，現行の9項目（当時は各学年6項目の12項目であった）の学習内容にあてはめてみてもバランスよく取り入れられていることと，「(6) 自然や物を使った遊び」が入学時はもちろん，年間に渡って多く取り入れられていることである。これは，第1学年においては遊びの原理や方法を重視して生活科の学習を進めて行こうとする表れであると考える。また，飼育・栽培活動も長期に渡って設定されており，生き物の成長や変化を十分に感じ取れる活動が重視されている。

表 4-4 生活科第1学年指導計画表

大単元	時	小単元	時	平成29年学習指導要領の内容項目（1)～（9）との関連								
				学校と生活	家庭と生活	地域と生活	公共施設	季節の変化	遊び	飼育・栽培	伝え合い	自分の成長
1.たのしいがっこう	18	1.きょうからごじょうのこ	3									
		2.ともだちとたのしくあそぼう	3									
		3.がっこうをたんけんしよう	9									
		4.がっこうまでのみちをたんけんしよう	2									
		5.がっこうってたのしいよ	1									
2.いしがつじこうえんであそぼう	6	1.いしがつじこうえんであそぼう	2									
		2.いしがつじこうえんであそんだよ	1									
		3.木とともだちになろう	3									
3.はなやひよこおおきくなあれ	21	1.にわとりさんたちぼくらとなかよし	3									
		2.はないっぱいのがっこうにしよう	4									
		3.ひながきた	2									
		4.きれいなはながさいたよ	2									
		5.おおきくなったね	3									
		6.そだててきたことをおはなししよう	7									
4.なつのあそびをしよう	6	1.みずとあそぼう	2									
		2.すなばであそぼう	4									
5.あきをさがそう	7	1.あきをさがそう	3									
		2.木のはや木のみであそぼう	4									
6.やってみよう　いろんなしごと	8	1.いろいろあるな、おうちのしごと	4									
		2.わたしたちっだってできるよ	4									
7.ふゆをたのしもう	8	1.もうすっかりふゆだよ	2									
		2.たのしいふゆやすみ	3									
		3.おばあちゃんのおしょうがつ	1									
		4.なにしてあそぼうおしょうがつ	2									
8.あそぶものをつくろう	16	1.むかしのあそびをしろう	3									
		2.ふゆのあそびをしよう	4									
		3.おもちゃをつくってあそぼう	9									
9.わたしの１ねん	12	1.１ねんかんをふりかえろう	2									
		2.おもいでかみしばいをつくろう	5									
		3.なんでもチャンピオンはっぴょうかい	4									
		4.せんせいやおうちの人にてがみをかこう	1									

(2) 第２学年

第２学年の時数は，「みんなでたべようまっ赤なミニトマト」の５時間から，全内容を総合的に取り扱う「おまつりわっしょい」と「おたよりとどけ！」の21時間までと大きな幅がある。「みんなでたべようまっ赤なミニトマト」は，夏野菜を継続して栽培する内容であるが，生活科の時間外の日々水やりや世話，観察活動などが見込まれる。また，第２学年では，地域や人々と関わる単元が多く設定され，校区探検からはじまり１年間を通して地域の公共施設や行事に関わる場所との交流がある。

子どもの探究力を期待した単元も用意されている。子どもが行事を企画し実践する「おまつりわっしょい」である。本単元では，地域の行事を調査してその学びを自分たちの願いと重ね合わせて進めるシナリオである。また，「おたよりとどけ！」も生活科の全内容を総合的に関連付け，学びを表現して身近な人に発信する活動であり，ユニークな実践である。

表 4-5　生活科第２学年指導計画表

大単元	時	小単元	時	平成29年学習指導要領の内容項目(1)～ (9) との関連								
				学校と生活	家庭と生活	地域と生活	公共施設	季節の変化	遊び	飼育・栽培	伝え合い	自分の成長
1.わたしたちの町をたんけんしよう	21	1.まちをたんけんしよう	9									
		2.人びとのあつまるところをしらべよう	3									
		3.はっけんマップをつくろう	5									
		4.わたしたちの町をしょうかいしよう	4									
2.ぼくとわたしの生き物ランド	6	1.ザリガニさんのともだちをよぼう	3									
		2.ぼくとわたしの生き物ランド	3									
3.みんなでたべようまっ赤なミニトマト	5	1.ミニトマトさん大きくそだってね	2									
		2.みんなでたべようまっ赤なミニトマト	3									
4.おまつりわっしょい	21	1.おいしいさつまいもを作ろう	2									
		2.もうすぐ　五じょうぐうのおまつりだ	2									
		3.さつまいもがいっぱいとれたよ	3									
		4.おまつりのじゅんびをしよう	13									
		5.五じょういもまつりをしよう	1									
5.これは　おもしろいおもちゃだよ	9	1.あわてんぼうのサンタクロースがやってきた	2									
		2.おもしろいおもちゃを作ろう	5									
		3.おもちゃのこうかん会をしよう	2									
6.おたより　とどけ！	21	1.これがわたしの平成２年三大ニュースだ	6									
		2.〇〇新聞を送ろう	7									
		3.心をこめたおたよりを出そう	8									
7.ふゆのくらしをみつけよう	10	1.学校や町のふゆをみつけよう	4									
		2.ぎょうじにさんかしよう	4									
		3.さむさにまけず元気にあそぼう	2									
8.わたしのせい長	12	1.いっしょにあそぼう	3									
		2.小さい時のことをしらべよう	2									
		3.わたしのアルバムを作ろう	7									

参考文献

・大阪市立五条小学校生活科研究会（1991）『生活科　指導計画と学習指導の実際』

・大阪市立五条小学校生活科研究会（1992）『五条の生活科　授業づくりの工夫と展開』

4節 特色ある実践

1. 探検活動　2年「わたしたちの町をたんけんしよう」

●活動のポイント

子どもの未知の事物に対する興味や関心を揺さぶるのが探検であり，事前のフィールドワークを入念に行い，効果的な学習の場を設定する。

●活動の目標

自然や施設などを見たり調べたり，地域の人とふれあったりするなかで新しい発見をして生活の場を広げ，周りの事象に関心が持てる。

●活動の流れと学習指導材

主な活動	学習指導材	ポイント
見つけた町の様子を話し合う。	町のスライド	身近な自然からはじめる。
探検コースとグループを決める。	校区絵地図	家の近くのコースからはじめる。
探検計画を立て，準備をする。	はっけんちょう	必要な枚数を考えノートにする。
グループで町探検をする。	ポイントカード	オリエンテーリング方式をとる。

●活動の一コマ

主な活動	指導者の発問や助言，子どもの発言やつぶやき
○スタート地点まで行き，「たんけんたい」別に探検する。 ○チェックポイントにて話し合う。	T. ここは，桃谷駅です。 C. 人が，いっぱい通っているなあ。 C. 自転車が，すごいたくさん置いてあるなあ。 T. いいもの，見つけてきましたか。 C. 珍しい置き物を売っているお店がありました。

	C. 途中，大きな道があって，車がたくさん通っていました。 C. わたしは，お花屋さんがかきたかったけど，男の子が違うマンションをかこうと言って，なかなか決まりませんでした。

●活動における学び

オリエンテーリングはグループ活動であり，まとまって活動することに困難が生じた場面はあったが，興味ある事象を見つけることができた。

2. 製作活動　1年「木のはや木のみでかざりやおもちゃをつくろう」

●活動のポイント

既成のおもちゃで遊ぶ子どもが増えているが，子どもは本来，身近な素材を利用して自分なりに工夫して遊ぶことが好きである。活動がスムーズにできるように，時間をかけて材料を収集し，学年で1カ所の場所を指定して分別するように指導した。また，製作活動の場はカーペット敷きとし作業がしやすい座卓を手作りで準備した。

●活動の目標

木の葉や木の実を使って遊んだり，おもちゃやかざりを作ったりできるようにするとともに，作ったもので友だちと遊んだり，作り方や遊び方を教え合ったりして，友だちとのつながりを深める。

●活動の流れと学習指導材

主な活動	学習指導材	ポイント
木の葉や木の実を見せ合う。	秋の木の葉や木の実	遠足で採集し，持ち寄る。
木の葉や木の実で遊ぶ。	簡単な道具（穴開け）	身近な廃材を再利用する。
作った物を紹介し合う。	展示コーナー	「感想ポケット」を設置する。

●活動の一コマ

主な活動	指導者の発問や助言，子どもの発言やつぶやき
○集めたものや集めながら遊んだり作ったりしたことを話す。 ○木の葉や木の実を使って遊ぶ。	T. どんな葉っぱを集めたかな。 C. これ，イチョウ。これ，もみじやで。 C. ぼくのこの葉っぱでっかいやろ。 C. 先生，葉っぱで顔作ったで。 T. やあ，おもしろいな。はっぱ人形やな。 C. どんぐりで顔を作ろう。葉っぱの服を着せよう。 C. 穴が大きすぎて「ぐさぐさ」や。ボンドをつけよう。

●活動における学び

遠足で集めた物や家庭から持ち寄った様々な材料の特徴を生かし，試行錯誤ではあるが思い思いのおもちゃを作ることで，秋を肌で感じることができた。自然物と人工物を組み合わせて作る楽しさを味わった。

3. 栽培活動　2年「みんなでたべよう　まっ赤なミニトマト」

●活動のポイント

ミニトマトは育てやすく，収穫の喜びを共有することができる。栽培には基本的な知識や留意事項があるため，指導者側からの適切な事前指導が必要である。しかし，子どもの多くは幼児期からの栽培経験を有しており，日常の世話や関わりでは積極的な活動が期待できる。

●活動の目標

みんなで育てる計画を立て，関心や親しみをもって観察することができ，自分たちと同じように成長していることに気付き，植物を大切にすることができるようにする。

●活動の流れと学習指導材

主な活動	学習指導材	ポイント
収穫できる植物を決める。	ミニトマト等	ナスやキュウリも準備する。

土を作り，苗植えをする。	腐葉土等， 野菜の苗	種から育ててもよい。
必要な世話を考える。	ミニトマトノート	個人で調べノートを作成する。
成長の様子をまとめる。	四コマまんが	開花・結実などの節目を捉える。

●活動の一コマ

主な活動	指導者の発問や助言，子どもの発言やつぶやき
○世話について話し合う。 ○苗植えした後の様子を観察ノートに記録する。	T. どんな世話をしていけばいいかな。 C. 毎日，水をしっかりあげて，様子を見る。 C. アサガオみたいに倒れてきたら，支えの棒を立てる。 T. 変わっていく様子を，毎週記録しましょう。 C. 葉の数を数えたら，6枚あったよ。 C. 背の高さは，手を広げた2つ分あるよ。 T. 絵と文を，上と下に分けてかいておくといいね。

●活動における学び

毎日の水やりなどの世話を，子ども達が積極的に行い，その際に成長や変化について話し合うことにより多様な気付きを共有した。気付きの交流は，次の世話に生かすことができ，日々の活動意欲につながった。

4. 飼育活動　1年「ひなを　そだてよう」

●活動のポイント

生命の存在に気付き，生き物の気持ちになって観察や世話を続け，その過程で得られた喜びや気付きを表現させる。そのため，自分たちで飼育可能な適切な小動物を選択し，子どもの動線上に飼育場所を設置する。また，輪番で「生き物ニュース」を作成し，興味・関心を持続させる。

●活動の目標

世話を継続してやり遂げるとともに，生き物が少しずつ成長し変化することや生命があることに気付き，親しみをもって大切にする。

●活動の流れと学習指導材

主な活動	学習指導材	ポイント
学校にいる生き物を見る。	学校飼育の小動物	個体の名前や特徴を知る。
ウサギやチャボと遊ぶ。	移動柵・ 移動飼育箱	12個の柵を繋ぎ，広い場を作る。
チャボのひなを育てる。	チャボアルバム	変化を詳しく記録する。
幼稚園の子に紹介する。	移動容器	幼稚園まで運び，紹介する。

●活動の一コマ

主な活動	指導者の発問や助言，子どもの発言やつぶやき
○ひなにしてあげたいことを話し合う。 ○チャボのひなの絵をかく。	T. ひなに，どんなことをしてあげたいかな。 C. ひなに，名前をつけてあげる。ピーちゃんがいい。 C. 鳴き声から，ガーコちゃんがいいよ。 C. ひなの絵をかきたい。 T. 名前，決まったから，絵もかいてあげよう。 C. ピーちゃん，動かんといてよ。かかれへん。 T. 口の所，赤いんだね。全部赤いの？　先の所だけ？ C. 茶色のとこもあるよ。

●活動における学び

ひなは全部で４羽生まれ，各グループで決めた名前が同じになった。時間切れで結論は持ち越されたが，休み時間に相談して自力で解決した。それぞれがチャボに親しみを持って自主的に飼育する起点になった。

5. 遊び活動　１年「なつのあそびをしよう」

●活動のポイント

遊びは自由であり，喜びや満足を与えてくれる最も主体的な活動である。指導者は，自分のイメージを押し付けることなく，活動に入る前に遊びが進む環境整備，遊び中には適切な支援を行い，問題が生じたら共有化をはかり，ファシリテーターの役割を果たすことが大切である。

●活動の目標

土や砂，水に親しみ，全身を使った活動を通して，友だちとのびのびと遊び，遊び方を工夫したり見つけ出したりできるようにする。

●活動の流れと学習指導材

主な活動	学習指導材	ポイント
船などのおもちゃを見せる。	手作りおもちゃ	自分で用意するよう伝える。
プールで水遊びをする。	修理工場	安全なテープ類を準備する。
砂遊びをする。	水タンク	必要な水量を確保する。
できた山やトンネルを見せ合う。	砂場	周りから眺めるようにする。

●活動の一コマ

主な活動	指導者の発問や助言，子どもの発言やつぶやき
○水遊びで楽しかったことを発表する。 ○砂場で，どんな遊びをしたいか話し合う。	T. どんな遊びが楽しかったのかな。 C. 船に乗れて楽しかったです。 C. こわれたけど，修理して合体させた。 C. 船に乗れなくて，残念だったよ。 T. 砂場でどんな遊びがしたいかな。 C. 深い穴を作り，水を入れる。 C. 水は入れないけど，大きな穴を掘って大きな山を作りたい。 C. 自分の背より大きい，登れる山を作りたいです。

●活動における学び

初めは，一人で遊んでいた子どもも，活動別グループにすると友だちと関わって長い時間を共有した。幼児期の遊びの経験はあるものの，遊び時間を十分に確保し繰り返し活動することで遊びが深まった。

6. イベント活動　２年「おまつり　わっしょい」

●活動のポイント

イベント活動は，自分たちの生活の中でイベントの必要性を話合い，子どもの創意が生かされる活動を計画し，協力しながら準備を進める。また，イベント当日の運営は子ども主体とし，指導者の最小限の関わりにより子どもたち自身でやり遂げた達成感が味わえるようにする。

●活動の目標

地域の行事を調べ，自分たちが育てた作物の収穫を祝うことにより自然の恵みに感謝し，友だちと共にやり遂げる喜びが味わえるようにする。

●活動の流れと学習指導材

主な活動	学習指導材	ポイント
神社に行き，祭りの話を聞く。	宮司さん	事前に質問事項をまとめておく。
さつまいもを収穫する。	いも保存セット	発泡スチロールの箱を利用する。
祭りのプログラムを作る。	見学のビデオ	聞いた話や必要な物を確認する。
「五条いもまつり」をする。	会場図	準備の場所の決定・確認用。

●活動の一コマ

主な活動	指導者の発問や助言，子どもの発言やつぶやき
○おいもパレードをして，会場を一周する。	T. だんじりが，いも万国旗にひっかかったよ。止まって。 C. 取れたので，動きましょう。 わっしょい。わっしょい。 C. 前の人に詰めて並んで下さい。 もう一度並んでから行きます。

●活動における学び

子ども自身が運営するイベントでは，ハプニングが付き物である。指導者が適切な関わりをすることにより，問題を乗り越えさせる。2年生では，自分たちで組織をつくり計画的に実践させる試みも必要である。

参考文献

・大阪市立五条小学校生活科研究会（1991）『生活科　指導計画と学習指導の実際』
・大阪市立五条小学校生活科研究会（1992）『五条の生活科　授業づくりの工夫と展開』

生活科コラム⑦

元中学校教諭／ビワマス漁師
（生物環境アドバイザー）
来見誠二

「環境教育と生活科」

中学校では理科教育に関わり，琵琶湖を中心とした環境教育にも関心を持っています。フィールドワークで小学生に関わり，川や田んぼの生き物観察に行く機会もあります。そこで，生き物を捕獲することすらままならない子供も多く，かわいそうで残念な思いをすることがあります。

実験や観察を行う際，課題に対して疑問を持ち，予測し，計画し，実験結果を考察し，次の目標を立てることが大切です。しかし，体験不足により疑問や予測が不十分なことが多く発生します。比較するべき体験がないと課題の意義が理解できないのです。この状況を補うため野外活動や行事，総合学習を計画的に活用してきましたが，それだけでは不足を感じてきました。やはり幼少期に得られた原体験はその後の生活の中でより高次な体験を積むための基礎となります。

守るべき，取り戻すべき自然を，正しく理解し実行するには豊かな自然体験なくしてあり得ないものです。環境問題は健康や生活に影響するだけでなく，本来得られるべき体験まで奪ってしまいます。未来を生きる子供たちは，様々な解決するべき未知の問題が発生します。柔軟かつ力強く挑み解決に導くため，豊かな自然の中での心躍る体験と，人間の生活に根差した体験を充実させる生活科は必要不可欠と感じています。

第５章
〈原点５〉

幼児教育との接続

幼児教育の成果を語らずに生活科教育を前に進めることはできない。生活科の誕生を見つめ直し，新たなパラダイムを展開して，スタートカリキュラムに繋げていく。

1節 幼児教育と生活科

1. はじめに

幼児教育と小学校教育との接続や連携にかかる問題の改善は，近年において頻発し一部は社会問題化した「小１プロブレム（小１問題)」の中で具体的な取り組みとしての研究実践が行われ，教育現場においてクローズアップされている。しかし，本問題への対応は，平成元年の学習指導要領で導入され，小学校低学年における新教科として期待された生活科の実践に依存した大きな課題でもあった。それは，当時の幼稚園教育の方向性が，生活科への接続と読み取れる「自立への基礎を養う」へとシフトし，実践化されることであった。つまり，幼児及び児童の「生きる力」を育てる問題が，共有化され連続線上に位置付いたのである[1]。

本章では，まず，近年において再燃した幼小接続の問題的情況について述べる。次に，生活科誕生期以降の幼小連携の取り組みについて，小学校教育の側において学習指導要領の改訂等に伴う情況の変化を踏まえ，経過を概観する。さらに，学校園を含む地域コミュニティの存在を意識するなかで，望ましい幼年期（幼児教育後期～小学校低学年期）の教育の在り方において論究し，「知識基盤社会」における持続可能な社会の構築をも視野に入れたパラダイムシフトを試み，スタートカリキュラムの実践に結びつける。

2. 問題情況と展開

(1) 生活科の誕生を契機とした幼小接続問題の顕在化

平成元年３月の学習指導要領改訂では，小学校において第２次世界大戦後の社会科創設以来40年ぶりに，新教科としての生活科が誕生した。生活科は，カリキュラム上ではこれまでの低学年社会科及び理科の廃止を受け，児童の発達段階に即した指導方法をとるのであり，小学校入門期に総合的な学習指導を推進することを目的に設置された。しかし，本質的には当時の「新学力観」を反映する象徴教科として，学校・家庭・地域のつながりを見直し，伝統的な小学校教育の在り方を再考する役割を担っていたことは，周知の通りである。

生活科は，平成10年の初回の改訂で「人とのかかわり」についての強調がなされ，平成20年の2回目の改訂では，学習内容に目を向けると，表現・交流が追加される等のいくつかの修正が行われた。

さて，生活科の実施は，小学校低学年教育の分野における指導の充実に止まらず，幼児教育との接続の課題も受けていたことを忘れてはならない。幼小の連続や接続問題を克服するうえで，生活科の実践に期待するところが大きかったのである。

生活科の全面実施に先立ち，文部省は昭和63年度よりの3年間，全国の都道府県に生活科実施推進協力校・教育研究開発校を51校指定し先行研究を推進した。各学校の実践の経過や指導計画を見ると，小学校と幼稚園や保育所が共同で教育活動を設定し，生活科の授業として位置付けている実践が多く存在していた[2]。これらの多くの実践は，小学校教員が幼稚園や保育所等に出向き，現場関係者との連携のもとに幼児教育の内容や方法からヒントを得て作成したものである。それまでは，小学校教員が幼稚園教員等の幼児教育関係者と交流することは必ずしも充分ではなかった現状を打破し，生活科の学習を創造する上で必然的に幼小教員の交流や，幼児と児童との交流活動が生まれたのであり，生活科が導入されたことの大きな成果だったと考えられる。

つまり，生活科の誕生は，問題視されながらも十分に議論され実践ベースに移行することが少なかった幼小の交流を顕在化させた。幼小の関係者が，その対応を行う上で中心教科としての生活科の役割を認識し連続カリキュラムを見据え，共通の土俵で幼小連携の教育活動が少しずつ実践化されたのである。

これら一連の動きから，生活科は幼小の教育パラダイムを変換することに役割を果たすことになったのである。しかし，皮肉にも生活科の実践が定着するころから，小学校の入学当初から引き起こされる一つの問題情況としての小１プロブレムが確認されるようになった。小１プロブレムに伴う行政や学校現場の対応において，生活科の位置づけや役割が再認識され，指導の充実やカリキュラムの見直しが始まった。

(2)　小1プロブレムの認知から実態把握への動き

1997 年以来より大阪府人権教育研究協議会乳幼児教育専門委員会において研究を行った新保（2007）は，小１プロブレムを「小学校１年生が，新入生の時期を過ぎても落ち着かず，学習が成立しない状況[3]」と規定し，小１プロブレムは，高学年の学級崩壊とは全く情況が異なるものであると分別した。一般的な学級崩壊が，担任教師に対して意図的・計画的に反発し集団で学級機能を崩壊させていく情況であるのに対して，小１プロブレムは，学級において児童一人一人が集団という意識を形成することなく，個の不適応行動が引き金になり学級そのものが非形成の情況にある場面であり，個別的に起こる問題行動である。小１プロブレムは，マスコミでも取り上げられ，大きな社会問題になるとともに，小学校現場において，同問題が発生した学校を中心に，幼小接続の課題についての掘り起こしが始まった。

東京学芸大学小１プロブレム研究推進プロジェクト（2010）は，小１プロブレムの動向の把握とともに，小学校１年生の学校・学級適応を支援する有効な方策を確立することを課題として，全国的な調査を実施した[4]。全国の市区町村教育委員会へのアンケート結果では，過半数以上の自治体が問題の重要性を指摘した。しかし，調査を行っている自治体は１割程度であり，現在発生を確認しているのは約２割に止まった。これは，学校現場から小１プロブレムの出現については報告があるものの，現象の特定化や問題性の把握が十分でなく，教育委員会としては，十分な把握が進まず対応に苦慮している情況であると推察された。同プロジェクトは，小１プロブレムへの取り組みについて，以下の実態を明らかにした。

・小学校と各種関係機関との連携[5]

・プログラムの開発やカリキュラムの改善[6]

小学校と幼稚園・保育所との情報交換や交流については，8割弱の自治体で通常の取り組みとして情報交換の機会や協議会の設置が進んでいるとした。これは，生活科の導入を契機として幼小交流の機会ができたことによる成果と考えられる。また，小1プロブレムへの対応として上記の設置をしたのは1割弱であり，小1プロブレムが発現する前から連携のシフトは多数の学校園間であったことが窺える。さらに，幼小からの教育（保育）内容の改善の進度については，幼稚園や保育所等は過半数以上が小学校入学後の生活を意識して保育内容の見直しを行っているのに対して，小学校では4割程度が滑らかな接続を意識して接続期の教育内容を改善したとの報告があった。これは，幼小の双方において，接続にかかわる問題は意識しているが，協働作業を経て双方のカリキュラムを見直すという段階までには必ずしも多くの学校園が至っていないという現状を浮き彫りにしていた。

さらに，同報告書は，まとめで以下の内容を報告した[7]。

・小1プロブレムは，基本的にはコミュニティの問題でもある。コミュニティは，学校種間の連携とともに，家庭と学校・地域社会・行政の連携が強化されることで，強化される。

・地域での大人や子どもたちとの関わりを豊かにしたり，家庭への支援を強化したりすることも，遠回りのようであるが，予防的効果があるため，対処療法的な対応に比べて高い価値をもつ。

・生活習慣が確立し，地域社会の中で様々な大人から見守られて育つ子どもが多い社会では，大人からのアドバイスに対して子ども達の心も開いて受け入れられる状態にあり，そのような地域では子ども達は落ち着いており，小1プロブレムは生じていないことが明らかになってきている。

上記の指摘から，小1プロブレムを始めとする幼小接続不良の根本的な問題解決には，学校園間の二者（学校関係者）の問題に止まるのではなく，家庭や地域を含めた三者以上（学校関係者以外を含む）の問題としてとらえ，新たなパラダイムを構成するなかでの理論化や実践化を行うことが本質的な課題解決に近付くとの仮説が導かれる。

(3) 問題の焦点化

小1プロブレムを中心とする幼小の接続不良を根本的に解決し，幼児・児童一人一人に即した幼児期・児童期にふさわしい教育を実現するためには，学校園・家庭・地域がそれぞれの機能を発揮するとともに相互補完的な働きを行うコミュニティを構築することや，幼小の接続期における教育を連続線上に位置づける理論的な枠組みに基づくカリキュラム等による保育や学習指導を実践することが必要である。

つまり，ミクロ的には幼稚園・保育所におけるアプローチカリキュラムの作成である。これは，保護者の理解と協力や地域のサポートを受け，主に5歳児の保育内容を改善し小学校生活へのスムーズな移行を図る保育方法や内容である。さらに，小学校の第1学年1学期におけるスタートカリキュラムの編成である。入学当初から生活科を中心とした合科的な指導やモジュール学習を行い，児童の心理的・肉体的負担を軽減し，学校生活への適応が無理なく行えるようにするプログラムの実施である。これらカリキュラムは併せて，接続カリキュラムと呼ばれる。

なお，接続カリキュラムの作成にあたっては，幼児教育での「遊び」と小学校教育での「学び」をどう連続線上に位置づけるかが大きな課題になる。

上越教育大学学校教育学部附属幼稚園他(2003)の実践では，幼小の発達の連続性を踏まえた教育課程や指導法の開発を行った。その中で，以下の成果を示した[8]。

- 子どもの遊びや学びの論理による幼小連携における教育課程及び指導方法等を明らかにできた。
- 子どもの学びは，教育課程で分断されることなく，学びの履歴として積み重なり，連続する。
- 教育課程は，幼稚園の主体的な遊びを中心に環境を構成し，小学校入学前までの幼児期にふさわしい教育を行い，その充実発展として小学校教育を位置づけた。

・子どもにとって遊びや学びの論理が幼小一貫して尊重されることになる。このことこそ幼小のなめらかな連携の本質である。

さらに，これからの課題として，幼稚園や小学校がそれぞれ家庭及び地域と遊び・学びの連続性という面から連携を深めていく可能性に言及した。また，子どもの遊びや学びの論理を家庭や地域での休日の活動でも連続させることも挙げた。

幼児教育での「遊び」を学習化することは，生活科の学習内容として取り上げられてはいるものの，小学校教育現場への浸透や認知はこれからの課題だと思われる。なおさら，保護者や地域住民等，子どもの教育にかかわる学校関係者以外への問題提起は不十分である。よって，「接続カリキュラム」作成においては，小学校の教育場面での幼児教育における「遊び」の教育的価値を示す必要がある。

そこで，マクロ的には学校園・家庭・地域等がコミュニティとしての一体感を形成し，行政や研究機関とも連携し，幼小連続にかかる幼児・児童の成長・発達に応じた有効な教育活動を行うことを志向しなければならない。つまり，幼小接続の問題は，その時期における問題を解消するだけでなく，学校園間を越えて次世代育成の協働化であるという捉え方を行わなければ，本質的な「滑らかな接続」は実現できないとする立場である。つまり，幼小の接続不良の問題は，「小１プロブレム」が発現した学校や引き起こした児童・保護者への対応だけでは根本的な解決に至らないということである。それは，幼小の接続期という限定的な期間はやり過ごすことができた児童でも，小学校中学年以降に学校への不適応行動を起こす児童があることへの一つの説明である。つまり，児童は幼小接続期を含む幼年期において，潜在的な問題情況にあり，その情況を改善するためには，社会的環境として児童を取り囲む多様な人々のかかわりに着目しなければならない。

前掲の東京学芸大学小１プロブレム研究推進プロジェクトは，173 自治体からの 650 点以上の資料と 26 都道府県での聞き取りをまとめ，幼小連携のあり方について，「顔が見える関係」「互恵性」「継続性」をあげた[9]。つまり，「小１プロブレム」の対応は，現象への個別対応だけでは不十分であり，幼小の地域をふまえて継続した実践を重ねることが必要である。つまり，地域としての「子育てプラン」のもと，関係校園の連携枠，教員間での問題意識の共有，交流活動の時間等，解決する問題は多様であるが，地域プロジェクトを立ち上げて，「子育てプラン」を編成していくことが必要と考えられる。

地域行政が主導している学校園・家庭・地域の協働教育事業には，平成12年度からの大阪府の中学校区を中心とした地域教育協議会「すこやかネット」や平成14年度に開設された大阪市の小学校区教育協議会「はぐくみネット」などの事業がある。いずれも学校をベースとした学校・家庭・地域の教育コミュニティによる子育て事業が進行しており，システム形成についての示唆は与えている。このように，幼小の連携・接続問題は，地域教育文化創造の文脈に位置づけ，多様なマンパワーでの継続的な実践が行えるような環境づくりが基盤となる。

参考文献・引用文献

1 文部省初等中等教育局小学校課（1999）『教育課程審議会答申一覧』
2 文部省小学校課（1991）『初等教育資料 564 号』東洋館出版社
3 新保真紀子（2007）「『小１プロブレム』研究の到達点とこれからの課題」『神戸親和女子大学児童教育学研究　第 26 号』
4 東京学芸大学小１プロブレム研究推進プロジェクト（2010）『小１プロブレム研究推進プロジェクト報告書』
5 東京学芸大学小１プロブレム研究推進プロジェクト（2010）『同上書』，pp.22-23.
6 東京学芸大学小１プロブレム研究推進プロジェクト（2010）『同上書』，pp.24-28.
7 東京学芸大学小１プロブレム研究推進プロジェクト（2010）『同上書』，p.31.
8 上越教育大学学校教育学部附属幼稚園他（2003）『幼児期・児童期の発達の連続性を踏まえた幼小連携における教育課程・指導法等の研究開発』
9 東京学芸大学小１プロブレム研究推進プロジェクト（2010）『前掲書』，p.57.

生活科の新設と経過

1. 生活科の設置と意義

昭和62年の教育課程審議会答申において，「低学年については，生活や学習の基礎的な能力や態度などの育成を重視し，低学年の児童の心身の発達状況に即した学習指導ができるようにする観点から，新教科として生活科を設定し，体験的な学習を通して総合的な指導を一層推進するのが適当である[1]」と示された。それまでの低学年教育における教科再編の議論は，生活科の誕生ということで結実したのである。同審議会答申は，幼稚園教育のねらい及び内容について，「小学校教育との関連を考慮するとともに，幼児を取り巻く環境等の変化に適切に対応するため，次の事項が全体を通じて十分達成できるよう配慮して改善する[2]」として，以下の点に言及した。

・人とのかかわりをもつ力を育成すること
・自然との触れ合いや身近な環境とのかかわりを深めること
・基本的な生活習慣や態度を育成すること

これらの視点は，生活科の教科目標にある具体的な活動や体験を通して身近な環境に主体的にかかわること，自己表現，生活上必要な習慣や技能の習得を踏まえることとの整合が図られている。さらに，「自立への基礎を養う」とする生活科の教科目標についても，「社会生活や様々な事象に対する積極的な関心，物事に取り組む意欲，道徳性の芽生え等を培い，自立への基礎を養う[3]」と幼稚園教育改善の視点からも明確にされた。このことからも，生活科の誕生は，幼稚園教育との連携という文脈で行われ幼稚園教育を基盤に形成された。

当時の文部省は，「幼稚園教育との関連も考慮して，低学年では直接体験を重視した学習活動を展開することが，教育上有効であると考えられる[4]」とし，同期間を児童の心身の発達を考慮して小学校低学年期を幼児期から中高学年への過渡期と位置付け，幼稚園教育の直接体験重視を基盤に学習を展開するものとした。

さて，文部省教科調査官の中野（1990）は，遊びが学習に含まれたのは画期的なことだとし，「なぜ，遊びも学習なのか。それは，遊びを知らない今日の子供たちの実態への対応であり，遊びの人間形成的意義の確認である。また，幼稚園教育との接続・発展という課題にもこたえたものであることは，いうまでもないことである[5]」と説明した。また，教師主導の授業観から，学習の主体を子供に転換するという学習指導の実際についての方向性の中で，中野は，「遊びを中心とした幼稚園の教育は，環境構成による教育であるといってよい。よりよい環境の中で幼児は積極的な活動を展開する。この環境による教育を目指す幼稚園教育の在り方に多くを学びたいものである[6]」とした。これは，生活科の学習指導においては，児童が幼稚園で重視されていた好奇心や探究心を誘発することができる学習環境を構成することと，そこから生起した主体的な活動をどう支援するかが問題であり，その手法は幼稚園教育の成果から学ぶものであることを提唱したものである。中野は，各都道府県に設置された生活科実施推進協力校・教育研究開発校の研究発表会等において，「幼稚園教育から学ぶ生活科」を説いてまわり，新教科の設置で不安が広がっていた小学校の現場に対して，幼小連携をキーワードにした投げかけを行ったと考える。

このように，生活科の創設期において，実践の姿は幼児教育から学ぶものであるとの認識が広まり，これまで高い壁が存在していた幼小間において，お互いの歩み寄りが生まれたのである。高浦・佐々井（2009）は，生活科の誕生については小学校低学年の教師ばかりでなく幼児教育関係者からも歓迎されたと回想し，「幼稚園教育との親近性や連続性が多くの教師から注目され，この結果，幼稚園児と小学校低学年児童とが“合同”で学習活動に取り組んだり，幼稚園教師と小学校低学年教師を中心に“共同”の研究や実践がなされたりするケースが次第に増えるようになった[7]」と述べ，創設当初の生活科が幼小の連携強化に果たした役割を強調している。

2. 総合的な学習の時間を指向した生活科の改訂

「ゆとり」の中で「生きる力」を育てることが提唱され，完全学校週5日制に移行した平成10年の学習指導要領の改訂において，生活科は第1回目の改訂を迎えることとなった。

教育課程審議会は同年の答申で，小学校の各教科の編成の基本について「小学校教育においては，幼稚園教育の遊びを中心とした総合的な活動を基盤として，集団による教科の系統的な学習に慣れるようにし，児童の興味・関心等を生かしつつ，日常生活やその後の学習の基礎になる読・書・算などの基礎的・基本的な内容を繰り返し指導し，確実に習熟させる必要がある[8]」と示した。これは，小学校教育の基盤は幼稚園教育の遊びにあることを改めて強調したものである。

また，幼稚園から中学校に至る体験的な活動を中心とした総合的な教育活動の流れでは，小学校低学年教科の核としての生活科，今回の改定で小学校中学年から高等学校まで創設された「総合的な学習の時間」の位置づけが注目された。つまり，「総合的な学習の時間」が創設されたことにより，幼稚園教育における総合的な活動としての遊びの位置づけが一層強化され，「生きる力」育成において基礎的・基本的な学習内容の習得に並んで，幼小中高の教育を見据える原理として体験に基づく総合的な指導も重視する立場が明確になった。

本改訂では，生活科の実施状況については，直接体験が重視され意欲的な生活や学習が展開されつつあるとしながらも，画一的な指導や単に活動だけに止まっているという指摘がなされた。とりわけ，「気付き」については「知的な気付き」という概念を出し，「気付き」の質を保証するためにも「知的な気付き」は個のレベルに応じて指導するものであるとの方向性が示された。これは，生活科以降の理科や社会科の学習内容との接続が意識され，「活動あって学習なし」とする批判に対応するものであった。

文部省は，具体的な改訂について，以下の通りのポイントを示した[9]。

・教科の目標は，現行のねらいを維持しながら，児童が身近な人や社会，自然と直接かかわる活動や体験を一層重視し，特に身近な人々とのかかわりを重視すること。

・内容については，12項目が8項目に再構成され，地域や児童の実態に応じて指導するとともに，多様な人々と触れ合う活動を充実すること。

ところで，『小学校学習指導要領解説生活編』の記述内容を見る限り，幼小の接続や連携に関する記述はほとんど存在しなくなった。生活科の命綱とも言える遊びについて，「遊びの工夫は，物を作る活動の重視から遊びの重視へと視点を移動させた。遊びも学習活動とされながら，これまでは遊ぶということが十分に視野に入っていなかったことへの反省によるものである。実際は，見て遊ぶ，作って遊ぶ，あるいは……（中略）……をして遊ぶというように，遊びの工夫は様々である。これらを含めて遊ぶことの大切さを強調した[10]」と記載され，友達とのかかわりで遊びの意味に気付くことが大切と示された。この表記は，人とのかかわりで気付きの質を深めるとする方法論に立脚するものであるが，幼小連携の内容としての幼児との交流やかかわりについての言及がほとんどなく，地域における多様な人々のかかわりの一例として挙げられたに止まった。

これら，『小学校学習指導要領解説生活編』を概観する限りにおいて，本改訂にあたっては，生活科が軌道にのってきたとする背景があったにせよ，幼児教育との連続を生活科の原点とした新設の経緯を重視する視点からは，今回の説明にはやや不十分さが残った。また，遊びも学習と認めながらも，遊びの本質や遊びの多様性，環境とのかかわり等，当然必要な説明が省略されたのである。とりわけ，例示で認めた遊びが幼児教育における遊びと比して限定的なものであり，到底，「生きる力」の一翼を担い，自立への基礎を標榜するものではないと考えざるを得ない。

幼児教育現場との接点では，生活科のいくつかの単元において幼稚園等への訪問や幼児との交流が紹介されてはいるが，あくまで内容の一部であり，生活科の学習指導を構成する主要な要素としての幼児教育へのシフトが充分に説明されたとは言い難い。

このように，本改訂では，教科目標に追加された「人とのかかわり」が強調されたが，これは生活科が前述の教育課程審議会答申の幼稚園教育における「人とのかかわる力」を受けた重点からの援用ではあったが，生活科と中学年以降の教科や総合的な学習の時間との接続に重きに置く説明となり，幼小連携の課題が新展開されるには至らなかった。

3. 幼児教育との接続を再燃させた生活科の再改訂

中央教育審議会（2008）は，幼児教育との円滑な接続について，「小学校低学年では，幼児教育の成果をふまえ，体験を重視しつつ，小学校生活への適応，基本的な生活習慣等の確立，教科等の学習への円滑な移行などが重要であり，いわゆる小一プロブレムが指摘される中，各教科等の内容や指導における配慮のみならず，生活面での指導や家庭との十分な連携・協力が必要である[11]」と指摘した。幼小接続の問題は，低学年児童の生活にかかわる問題性の視点から捉え直され，小学校入学当初，指導が困難な情況が多発している現状を懸念し，小１プロブレムが認知された。そして，解決のフィールドを広く児童の生活の中に求めた。

一方，文部科学省は本答申を受け，生活科改善の基本方針の一つとして，「小１プロブレムなどの問題が生じる中，小学校低学年では，幼児教育の成果を踏まえ，体験を重視しつつ，小学校生活に適応すること，生活習慣等を育成すること，教科等の学習活動に円滑な接続を図ること，などが課題として指摘されている。そもそも生活科新設の趣旨の中には，幼児教育との連携が重要な要素として位置づけられており，その意味からも，小１プロブレムなどの問題を解決するために，生活科が果たす役割には大きなものがある[12]」と生活科設置の原点に返って，幼小連携の要として生活科をリバイバルさせることで接続期の問題を具体的に打開する糸口を得るよう学校現場に求めたのである。

具体的には，第1学年当初のカリキュラムをスタートカリキュラムとして改善し，生活科を核として，合科的・総合的な指導を運用し学校生活への適応を図るように提示した。スタートカリキュラムでは，「入学当初の生活科を中核とした合科的な指導は，児童に『明日も学校に来たい』という意欲をかき立て，幼児教育から小学校教育の円滑な接続をもたらしてくれる[13]」との表現で，園生活が学校生活へ円滑に移行する道筋にも言及した。

4. 本質的な問題の整理

このように，文部科学省は学校現場のバイブルである『小学校学習指導要領解説生活編』において，幼小の接続問題を重点的に扱った。これは，幼小の連携において生活科が直接的に請け負うカリキュラム上の位置が再び明確にされたからである。また，小1プロブレムで発現する入学当初の指導が困難な情況を深刻に受け止め，児童の学校生活全般について保護者を含めて丁寧に支援する必要を指摘した。

幼小連携の問題を小1プロブレムを解決するというミクロのレベルで語り，具体的な解決策を実践するだけでは対症療法でしかない。根本的な問題の解決において，幼小間接続不良の問題は，前述した「自立への基礎」や「生きる力」にかかわる問題であり，幼児教育を基盤として小学校以降の教育をどのように円滑に進めるかが本質的に議論され，新たなパラダイムがシフトされなければならないと考える。その意味で，幼小連携の問題を学校園の教育に限定するのではなく，学校園を含む地域社会の継続・発展の視座で子どもの社会的存在を捉え直す機会を得たものと認識する。

参考文献・引用文献

1 文部省初等中等教育局小学校課（1999）『教育課程審議会答申一覧』，p.234.
2 文部省初等中等教育局小学校課（1999）『同上書』，p.243.
3 文部省初等中等教育局小学校課（1999）『同上書』，p.243.

4 文部省(1989)『小学校指導書　生活編』教育出版，p.5.
5 中野重人(1990)『生活科教育の理論と方法』明治図書，p.48.
6 中野重人(1990)『同上書』，p.128.
7 高浦勝義・佐々井利夫(2009)『生活科の理論』黎明書房，p.32.
8 文部省初等中等教育局小学校課(1999)『教育課程審議会答申一覧』，p.310.
9 文部省(1999)『小学校学習指導要領解説生活編』日本文教出版，pp.5-7.
10 文部省(1999)『同上書』，p.23.
11 中央教育審議会初等中等教育分科会教育課程部会(2008)「幼稚園，小学校，中学校，高等学校及び特別支援学校の学習指導要領等の改善について（答申）2008.1.17」『初等教育資料　832 号』，p.100.
12 文部科学省(2008)『小学校学習指導要領解説生活編』日本文教出版，p.4.
13 文部科学省(2008)『同上書』，p.45.

3節 新たなパラダイムシフト

1. デューイの教育視座から

(1) 幼稚園と小学校の関係

デューイは，『学校と社会』で幼稚園と小学校は，その形成過程が異なるとしながらも二者の間に結合学級（connecting class）の存在を示し，相互作用の意義を説いた[1]。また，幼稚園の教育方法を小学校に導入することを問題にあげ，幼稚園と小学校１年との課業の連続性については，「『幼稚園』の課業と『第一学年』（初等科）の課業との連続を確保するために必要とされる調整は，後者の側からはまったく不可能であることを忘れてはならぬ[2]」とし，学校制度の進行に子どもが適応するのではなく，学校制度が子どもの成長に合うように漸進的に移行しなければならないとすると共に，子どもに気付かれないように進むことが必要であるとした。また，幼稚園教育の原理を小学校の教科指導に発展させることが連続を図る上でスムーズであるとの見方も示していた。

さて，デューイは，プラグマティズムにおける目的の観点から，幼稚園では教えることや訓練することより，子どもの道徳的発達（moral development）に教育の目的があり，一方小学校においては，読み（read）・書き（write）・算（figure）という道具を使いこなし，習得することに心血が注がれるものであると考えていた[3]。つまり，幼稚園教育と小学校教育は歴史的に形成された過程が異なり重点が定められたものではあるが，その相互作用や連携の問題には着目していたのである。そして，両者の調整を行うことが必要であるとの見解を示したのである。

(2) 社会の機能としての教育環境

子どもの周りに存在する社会的環境の在り方は，経験を更新し行動様式を変容させていく人間にとっては，きわめて重要な問題である。デューイは，「特にはっきりと指摘しておかなければならないことは，いかにして社会的生活環境がその未成熟な成員を養育するかということである[4]」とし，コミュニティにおける人間同士の相互作用が人間の行動を改変するものであるとの考えを示した。また，「すなわち，社会的環境は，一定の衝動を呼び醒まし，強化し，また一定の目的をもち，一定の結果を伴う活動に，人々を従事させることによって，彼らの中に知的及び情動的な行動の諸傾向を形成する，ということである[5]」とし，人間は自分に関係のある人間の生活から無意識的に教育的な影響を受けるのであると規定した。とりわけ，未成熟者である子どもは，その生活において「個人が生活し行動し生存している社会的生活環境の存在そのものが，彼の活動を指導する持続的で効果的な作用である[6]」として，子どもの成長発達においては，社会的生活全般でかかわる人々から受ける作用の有用性を確認していたのである。つまり，子どもを囲む社会的環境に存在する多くの人々から相互作用を受けることが，成長・発達にとって望ましいのであり，道徳的発達が助長される幼児期から，このような環境を構成して教育的環境とすることが必要なのである。

さて，デューイの哲学を再評価し，近代教育学説からの脱却を説明している松野(2003)は，「生命過程は有機体と環境の統合体によって営まれる，しかもその環境は人類が歴史を通して発展させてきた考えを体現している社会環境であり，個々の人間の心はそれと一体となって生命活動を営むものとして発達する[7]」と，主体と環境の二元論を否定する見解を示した。これは，生活そのものが社会環境を巻き込んだ世界であることを示唆するものであり，一人一人としての存在よりも社会環境の全体構造そのものが人間の成長や発達を規定するものとの視座を与えるものであろう。

(3) 子どもと学校・家庭・地域の関係

デューイは，シカゴ大学附属実験学校を，子どもが単に課題を習得する場ではなく，家庭や地域コミュニティと如何に密接な関連を持たせるかという文脈で位置づけ，生活から学校が孤立していることについては，教育の浪費の面から，「子どもの立場からみて，学校における大きな浪費は，子どもが学校のそとで得る経験を学校そのものの内部でじゅうぶんに，自由に利用することがさっぱりできないことから生ずる[8]」と考え，子どもの生活全般における経験や，子どもを取り囲む人々との相互作用の全体を積極的に学校教育の場で取り入れていくことを強調した。そして，デューイは，『子どもとカリキュラム』で社会的環境としての人との関係について，「子どもの世界で真実なことは，外部にある事実に適合するような意味においての真実ではなく，他者に愛着をもち，共感をもつという意味においてであって，そのことこそ子どもの世界の基調をなすものである[9]」と説いた。これは，子どもの世界は大人と比べて狭い物であるとしながらも，真実において子ども自身が興味をもっている人々との関係や，物事の特殊性を糸口にかかわることから真実が検討され方向付けられる。

また，経験を再構成する過程において，社会的環境に存在する多様な人々と子ども自身が相互作用をもつことの総体を基盤に考えることは，現代の様々な教育問題を解決していく際に大きなヒントを与えるものと考える。つまり，子どもの「生きる力」を育む学校教育が，一人の子どもを中心として家庭や地域との関係性を包括することは，幼小接続の問題のみならず新しいパラダイムへの示唆を与えてくれるのである。

2. 幼小連携の実践のパラダイム変換へ

学校現場における教師間での幼小連携の実践は，学校園の実態に即し全国各地で進んでいる。生活科を中心とした実践例としては，大阪市小学校教育研究会生活部(2007)のカリキュラムの提案[10]や，和田(2008)が示した東京都新宿区四谷小学校と四谷子ども園の研究成果である１年生の入学当初の「わくわくドキドキタイム[11]」等がある。いずれも新入生が学校の居場所をつくり，次に生活科を核にした総合的な活動を経験することによりスムーズな小学校生活が実現できることを実践に基づいて示したものである。

このように，近年になり，幼小連携のカリキュラム開発は急速に進展し，実践的効果をあげているものが多い。一方，幼児期と児童期のカリキュラムの連続を検討している田中(2009)は，幼児教育からの連携カリキュラムを「発達－発展位相」として以下の７つのパラダイムによって，事例を評価した[12]。

パラダイム 1: 行事的交流

パラダイム 2: 幼小連携の校務分掌

パラダイム 3: 合同研修（保育・授業参観）

パラダイム 4: 幼児・児童の交流学習

パラダイム 5: 小学校教員・幼稚園教員・保育園保育士間の交流指導

パラダイム 6: 地域生活における機関連携

パラダイム 7: 幼小の連携教育カリキュラム開発

田中は調査で，パラダイム６・７に組み入れられる実践は少ないと指摘し，「幼小連携教育の展開は，地域社会の資産になり，地域づくり，地域の愛着形成になる[13]」と言及するとともに，シフトの広がりを方向づける研究実践に対しての期待を示した。これは，幼児教育からの「接続カリキュラム」としての「アプローチカリキュラム」の実践の有効性を確かめるうえにおいても，地域生活をベースとしたパラダイムの形成が期待されていると見ることができる。

平成20年，中央教育審議会は，社会全体の教育力向上の必要性を指摘するなかで，学校・家庭・地域が連携するための仕組みづくりに言及し，子どもたちがつけるべき「生きる力」について，「学校教育の中のみならず，子どもたちが異なる世代の人々や他の家庭等の様々な人々と交流し，地域社会等における体験をすることとあいまって育まれるものである[14]」との答申を示した。さらに，生涯学習社会実現のために，各個人が学習したことにより得られる様々な経験や知識等の「知」が社会の中で「循環」することの必要性を指摘した。この「循環」は「創造」を生み出す原動力であり，社会全体が発展していく持続可能なシステムが社会の中に構築されることに対しての期待が述べられたことは注目すべきである。また，同答申は具体的なシステムとして，「学校支援地域本部事業」「放課後子どもプラン」などを示し，現在の学校現場を支える新しいパラダイムの機構や事業にも言及した。

学校園教育が目指すのは，地域における家庭教育や生涯教育とリンクして成長・発展するパラダイムの構築であり，その意味で，新たな「知」を創造するために，持続可能なシステムを形成する「循環」の営みが，学校園・家庭・地域のそれぞれの構成員において発動させることが大切になる。

3. 持続可能な社会における幼小連携に向けて

鈴木(2006)は，持続可能な社会の構築を目指すための一つの方法について，人が情報を循環させる過程において既存の共通の言語コードから，相手のメッセージを理解し，話された以外のことを自分が想像することにより情報の生成がなされ，新しいパラダイムをつくることにつながると考えた[15]。

また，その生成について鈴木は，「情報のやりとり，情報の循環の中で，話し手が伝えている情報以外のまったく新しいものが聞き手の間で多様な形で生み出されていく[16]」とも説明している。つまり，社会的環境の中に存在する人は，情報の循環を担っており，その営みが持続可能な社会の構築につながるということになる。さらに，個人が本音を語り，新たな情報を生成する場においては，自己準拠した教育が必要性であると指摘した。この自己準拠した教育について，鈴木は，「理念と目的を実現するために，最下位の階層である行動のレベルの階層の行動が，最上位の階層の理念や目的と整合すること[17]」と説明した。そして，自己準拠した教育は，自己準拠した生き方につながることを示し，一方で，自己準拠しない生活とは，自分がよかれと思っている行動が最終的な目的と反対の方向に進んでいることであると考えた。例えば，子どもや孫のために，古くなったら物をすぐに買い換えることや近所でも自動車で送り迎えするなどが自己準拠しない生活なのである。

循環型社会における幼小連携教育を地域コミュニティの形成過程と関

係づけて位置づけるとき，その構成員すべてが情報循環の姿勢を貫くことや，情報生成の主体としての自己準拠の原則が求められるのではないだろうか。さらに，吉田(2008)は，「子どもの全人的な成長に配慮した学習環境を整える営みは，おのずとESDの実践となることです[18]」と述べ，知識学力だけが重視され，学べば学ぶほど心と身体と頭がバラバラになり悲鳴をあげる子どもが増加する現況に警告を与えている。

参考文献・引用文献

1 Dewey,J./ 松野安男訳(1957)『学校と社会』岩波文庫 ,pp.74-75.

2 Dewey,J./ 松野安男訳(1957)『同上書』,p.137.

3 Dewey,J./ 松野安男訳(1957)『同上書』,pp.75-76.

4 Dewey,J./ 松野安男訳(1975)『民主主義と教育（上)』岩波文庫 ,p.28.

5 Dewey,J./ 松野安男訳(1975)『同上書』,p.35.

6 Dewey,J./ 松野安男訳(1975)『同上書』,p.53.

7 松野安男，杉浦宏編(2003)『現代デューイ思想の再評価』世界思想社，p.293.

8 Dewey,J./ 松野安男訳(1957)『前掲書』,p.81.

9 J. デューイ／市村尚久訳(1998)『学校と社会・子どもとカリキュラム』，p.264.

10 大阪市小学校教育研究会生活部(2007)『確かな学びを感じ取れる「なにわっ子」の育成』

11 和田信行(2008)『小学1年生「わくわくドキドキ」カリキュラム－幼小連携・生活科を核にして－』学陽書房

12 田中亨胤(2009)「幼小連携カリキュラムの構築－カリキュラム実践のストラテジーと評価プロット・モデル－」『京都文教短期大学研究紀要47集』

13 田中亨胤(2009)『同上書』，p.62.

14 中央教育審議会初等中等教育分科会教育課程部会(2008)「幼稚園，小学校，中学校，高等学校及び特別支援学校の学習指導要領等の改善について（答申)」『初等教育資料　832号』，p.12.

15 鈴木嘉彦(2006)『持続可能社会のつくり方』日科技連出版社

16 鈴木嘉彦(2006)『同上書』，p.138.

17 鈴木嘉彦(2006)『同上書』，p.150.

18 吉田敦彦(2008)『持続可能な教育と文化―深化する環太平洋のＥＳＤ―』せせらぎ出版，p.212.

(付記)

本章第1節～3節は，下記の論文の一部を加筆・修正して再構成したものである。

三宅茂夫・金岩俊明(2011)「幼児教育から小学校教育への『円滑な接続』を図るための研究Ⅰ－幼小連携における問題の整理から，新たなパラダイムシフトへ－」神戸女子大学文学部紀要 44,pp.93-115.

スタートカリキュラム

1. スタートカリキュラムとは

文部科学省(2008)は，『小学校学習指導要領解説　生活編』で，幼児教育との接続の観点から，学校生活への適応が図られるよう，合科的な指導を行うことなどの工夫を行う第1学年入学当初のカリキュラムとして，スタートカリキュラムを示した[1]。さらに，幼児期の教育と小学校教育の円滑な接続の在り方に関する調査研究協力者会議(2010)では，子どもの発達や学びを保障し，体系的な教育を組織的に行うと言う観点で審議がなされ，スタートカリキュラム編成における主な留意点として，「幼稚園等との連携協力」「個に対応した取組」「学校全体での取組」「保護者への適切な説明」「環境構成や人間関係づくりなどの工夫」を提示した[2]。

その後，『小学校学習指導要領解説　生活編』(2017)では，幼児期における遊びを通した総合的な学びから各教科等におけるより自覚的な学びに円滑に移行できるよう，入学当初において生活科を中心とした合科的・関連的な指導等の工夫との説明がなされた[3]。

学校現場における推進を後押しする実践資料として，国立教育政策研究所は，2015年に『スタートカリキュラムスタートブック』を作成して各学校における取組の方向性を示した。そして，2018年に実践の更なる充実を目的として，『発達や学びをつなぐスタートカリキュラム―スタートカリキュラム導入・実践の手引き―』が作成された。本手引書では，作成が進まない情況を踏まえて，具体的な手順や事例が多く提示された。

2. カリキュラムデザインの基本的な考え方

国立教育政策研究所(2018)は，スタートカリキュラムのデザインについて，以下の基本的な考え方を示した[4]。

・一人一人の児童の成長の姿からデザインしよう。

・児童の発達の特性を踏まえて，時間割や学習活動を工夫しよう。

・生活科を中心に合科的・関連的な指導の充実を図ろう。

・安心して自ら学びを広げていけるような学習環境を整えよう。

表5-1　スタートカリキュラムデザインの基本

観　点	説　　明
一人一人の成長の姿から	・個人差に配慮して，「幼児期の終わりまでに育ってほしい姿」を踏まえる。
児童の発達の特性を踏まえた時間割や学習活動の工夫	・10分15分の時間を利用する時間割，思いや願いが実現できる活動時間の設定を行う。
生活科を中心とした合科的・関連的な指導の充実	・自分との関わりを通して学ぶ生活科の特質を踏まえ，子どもの意識をつなげた指導を行う。
安心して自ら学びを広げる学習環境の整備	・安心感をもち，自分の力で学校生活が送れるよう，学習の導入を工夫し豊かな人間関係を培う。

(国立教育政策研究所(2018)『発達や学びをつなぐスタートカリキュラム―スタートカリキュラム導入・実践の手引き―』p.10を参考に作成)

「幼児期の終わりまでに育ってほしい姿」は，表5-2の通りである。これは幼稚園教育において育みたい資質・能力の具体的な姿であり，一人一人の発達の特性により認める姿としての位置付けである。

表5-2　幼児期の終わりまでに育ってほしい姿の概要

№	資質・能力	説明の概要
1	健康な心と体	見通しをもって行動し、健康で安全な生活をつくる。
2	自立心	主体的に関わり、自分の力でやり遂げ自信をもって行動する。
3	協同性	思いや考えを共有し、目的の実現に向けてやり遂げる。
4	道徳性・規範意識の芽生え	してよいことや悪いことが分かり、相手の立場で行動する。また、きまりの必要性が分かり、つくったり守ったりする。
5	社会生活との関わり	家族を大切にし、地域に親しみをもつ。情報を活用し、公共施設を利用し社会とのつながりを意識する。

6	思考力の芽生え	身近な事象に積極的に関わり多様な関わりを楽しむ。友達の様々な考えに触れ、自分の考えをよりよくする。
7	自然との関わり・生命尊重	好奇心・探究心をもって言葉などで表現し、関心を高め自然への愛情や畏敬の念をもつ。生命を大切にする気持ちをもつ。
8	数量や図形、標識や文字などへの関心・感覚	遊びや生活で親しむ体験を重ね、標識や文字の役割に気付き、必要感に基づき、活用する。
9	言葉による伝え合い	絵本や物語に親しみ、豊かな表現を身に付け、言葉による伝え合いを楽しむ。
10	豊かな感性と表現	感じたことや考えたことを自分で表現し、友達と味わう。

3. 単元配列表の作成

各教科等との合科的・関連的な指導を進めるために，単元配列表を作成して絶えず生活科との往還を意識した指導を進める。また，指導方法や展開を調整して，生活科の学習がきっかけになり子どもにとって学校の学びが就学前の遊びのように総合的な活動としての意識ができることで，自然な流れの中で，小学校の生活に慣れていけるようにする。

表 5-3　入学当初の単元配列表

各教科等	第1週	第2週	第3週	第4週
国語⑨ ※週時間配当	みつけたよ④ はきはきあいさつ②		ほんがたくさん③ / じをかこう③	あいうえおのうた⑤
算数④		算数への導入③	かずとすうじ⑨（５までのかず④・１０までのかず③・かずあそび②）	
生活③	いちねんせいになったよ④	がっこうとともだち⑪（がっこうたんけん・こうていたんけん）		
音楽②	うたでなかよしになろう⑥（うたでさんぽ・ぞうさんのさんぽ・てとてであいさつ・ひらいたひらいた）			
図画工作②	すきなものなあに②		みんなでかざろう②	つちやすなであそぼう②
体育③	たのしくあそぼう④（こうていあそび・おにあそび）からだほぐし		たのしくあそぼう⑥（たいいくかんあそび・うごきあそび）からだほぐし	
道徳①	ようこそ、一ねんせい①	べんきょうがはじまりますよ①	あいさつ①	がっこうにはね①
特別活動①	入学式　1年生を迎える会 わたしのがっきゅう		たのしいきゅうしょく そうじ	たのしいかかり
わくわく（時間外）	みんなでたのしもう（てあそび・うたあそび・ゲーム）		みんなでたのしもう みんなでつたえあおう（おはなししょうかい）	

4. 週案の作成

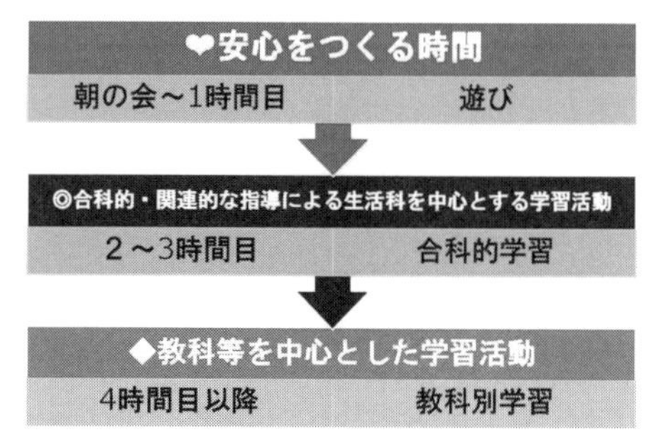

子ども一人一人のペースを大切にして，ゆったりとした時間の流れの中で，学習や生活に慣れていけるように弾力的な時間割を採用する。

つまり，生活リズムを確立していくため，45分の単位ではなく10分～15分の短い時間割を採用していく。

また，生活科など，子どもの意欲が持続できる学習内容の場合は，時間を連続した設定も考えられる。

一日の流れとしては，朝の会～1時間目は，幼児期に近い生活が送れるようにする「安心をつくる時間」，次に遊びに近い学びができる「合科的・関連的指導による生活科を中心とする学習活動」を設定する。そして，「教科等を中心とした学習活動」を組み入れていく。(表5-4(p.137)，表5-5(p.138)参照)

参考文献・引用文献

1 文部科学省(2008)『小学校学習指導要領解説　生活編』日本文教出版
2 幼児期の教育と小学校教育の円滑な接続の在り方に関する調査研究協力者会議(2010)『幼児期の教育と小学校教育の円滑な接続の在り方について』,pp.20-21.
3 文部科学省(2017)『小学校学習指導要領解説　生活編』東洋館出版社
4 国立教育政策研究所教育課程研究センター編(2018)『発達や学びをつなぐスタートカリキュラム』,p14.

表5-4　スタートカリキュラム週案（第１週）

時限	一日の流れ	月	火	水	木	金
朝の時間	❤安心をつくる時間	わくわく みんなでたのしもう ・手遊び ・歌遊び ・踊り	わくわく みんなでたのしもう ・手遊び ・歌遊び ・踊り	学校行事 １年生を迎える会	わくわく みんなでたのしもう ・ゲーム ・歌遊び ・踊り	わくわく みんなでたのしもう ・ゲーム ・歌遊び ・踊り
１限						
２限	◎生活科を中心とする学習活動	生活 2/3 いちねんせいになったよ 学活 1/3 わたしのがっきゅう	生活 2/3 いちねんせいになったよ 学活 1/3 わたしのがっきゅう	道徳 2/3 ようこそ、一ねんせい 音楽 1/3 うたでなかよしになろう	学活 1/3 わたしのがっきゅう 生活 2/3 いちねんせいになったよ	学活 1/3 わたしのがっきゅう 生活 2/3 いちねんせいになったよ
中間休み				連続時間		
３限	◎生活科を中心とする学習活動	生活 2/3 いちねんせいになったよ 国語 1/3 はきはきあいさつ	体育 2/3 たのしくあそぼう 生活 1/3 いちねんせいになったよ	国語 2/3 みつけたよ 生活 1/3 いちねんせいになったよ	生活 1/3 いちねんせいになったよ 図工 2/3 すきなものなあに	体育 2/3 たのしくあそぼう 音楽 1/3 うたでなかよしになろう
４限	◆教科等を中心とした学習活動					
給食・清掃						
昼休み						
５限	◆教科等を中心とした学習活動					
帰りの会						

期待する子どもの姿⇒学校生活に慣れ，楽しく生活する子ども

表5-5　スタートカリキュラム週案（第2週）

時限	一日の流れ	月	火	水	木	金
朝の時間 1限	❤安心をつくる時間	わくわくみんなでたのしもう ・ゲーム ・歌遊び 国語1/3 はきはきあいさつ	わくわくみんなでたのしもう ・ゲーム ・歌遊び 国語1/3 はきはきあいさつ	わくわくみんなでたのしもう ・ゲーム 音楽2/3 うたでなかよしになろう	わくわくみんなでたのしもう ・ゲーム 体育1 たのしくあそぼう	わくわくみんなでたのしもう ・ゲーム 音楽1 うたでなかよしになろう
2限	◎生活科を中心とする学習活動	生活1 がっこうとともだち	生活1 がっこうとともだち	生活1 がっこうとともだち	生活1 がっこうとともだち	生活1 がっこうとともだち
中間休み	連続時間					
3限	◎生活科を中心とする学習活動 ◆教科等を中心とした学習活動	生活2/3 がっこうとともだち 国語1/3 みつけたよ	生活2/3 がっこうとともだち 道徳1/3 べんきょうがはじまります	生活1/3 がっこうとともだち 道徳2/3 べんきょうがはじまります	国語1 みつけたよ	生活1/3 がっこうとともだち 国語2/3 みつけたよ
4限	◆教科等を中心とした学習活動			算数2/3 さんすうのはじまり 学活1/3 たのしいきゅうしょく	算数2/3 さんすうのはじまり 学活1/3 たのしいきゅうしょく	算数1 さんすうのはじまり
給食・清掃				給食/清掃	給食/清掃	給食/清掃
昼休み						
5限	◆教科等を中心とした学習活動					図工1 すきなものなあに
帰りの会						

期待する子どもの姿⇒学校生活のよさに気付き，楽しく生活する子ども

生活科学習論

生活科の基本的な学習論を提案する。情況論をベースに，探究（問題解決学習）を生かした学習過程を提示することで，総合的な学習の時間にも連続した学びを目指す。

1節 情況論

1. 情況 (situation) について

デューイ (1938) は,「『情況』ということばのさすものは,単一の対象や出来事ではなく,一連の対象や出来事でもない。それは,われわれは決して対象や出来事を切り離して経験したり判断したりすることはなく,つながりのある全体の中でしかそうしないのであり,つながりのある全体が,『情況』(situation) である[1]」と述べる。つまり,情況の全体性を誇張し,その中で日々の経験が営まれると示した。つまり,デューイは,情況の存在しないところでは経験というものを成立させることはできないと考えたのである。

また,経験に内在する「インタラクション (interaction) は,経験を教育的機能と能力とに関して説明するための第二の主な原理である。それは,経験における両方の要素—客観的条件と内面的条件—に平等の権利を与える。正常の経験であれば,それがどんなものであろうとも,二組の諸条件の相互活動である。それらが一緒に取り上げられ,相互作用により,我々が一つの情況を形成する[2]」とされる。よって,情況は相互作用している客観的条件と内面的条件とからなり,経験を構成していることが理解できる。

情況を構成する相互作用は,特にトランザクション (transaction) と呼ばれる。デューイによれば,「情況の概念と相互作用の概念は互いに結びつきが強い[3]」のであり,トランザクションとは,相互作用の範疇に含まれるが,トランザクションは有機体と環境との間において相互依存的関係にある。つまり,生物が環境との相互作用において為される経験の領域において,相互作用は全てトランザクションではなく,単発の物理的な相互作用はトランザクションとは呼ばない。牧野 (1977) も,「トランザクションにおいては,有機体は単に環境とともに変化するだけではない，それは能動的に環境を利用し，少なくとも自己を維持する。トランザクションは経験の横断面であり，場面(situation)を構成しているものである。場面に属しながら場面を変換して均衡を回復させる探究は連続的なトランザクションである[4]」として，トランザクションと単なる相互作用を明確に区別し，個人は自己においてより多くの内面的条件をもち，より多くの対象と関わるのがトランザクションであり，それを通すことにより，制御できる環境を広げ，自己を改造する。トランザクションは，探究における情況移行に影響を及ぼすと考える。

さて，デューイの考える経験の図式によると，経験には縦の連続(continuity)と，横の面のインタラクション(interaction)または，トランザクション(transaction)が存在し経験の秩序が維持されるが，それには異なった情況の連続が認められなければならないのであり，「一つの情況において，知識(knowledge)上または熟練(skill)上学んだところのものは,後続の場を理解しそしてそれを有効に処理する道具(instrument)となる。この過程は，生活と学習とが継続するかぎりいつまでも続いてゆく[5]」とするデューイの見解にも，学習指導要領で目指す資質・能力との関係で注目するものがある。

情況の理論は思考活動においても考慮しなければならない。思考は，疑問的情況(doubtful situation)から決定的情況(settled situation)へと移行するとされることから，探究あるいは問題解決がなされたかどうかは，情況移行に依存する問題と捉えることができる。また，探究で重要な反省(reflection)が情況の性質によることは「反省は,最初の情況(primary situation)の性質に規定される[6]」と示している。

デューイが示す経験的情況(empirical situation)は，生活の問題を学習化するうえで重視されなければならず，活動的な仕事(occupation)に取り組むためには不可欠な前提条件である。つまり，「すなわち，情況は，型にはまった作業でもなければ，気まぐれな行動でもない何かなすべき仕事—言い換えれば，何か新しい(それゆえ，不確かな，あるいは，問題的な)ものを提示し，それでも，現存する習慣と十分に関連していて，効果的な反応を呼び起こすようなもの―を示唆するものでなければならない，ということである[7]」とされ，伝統的な教育として，教師主導の授業が進められる教室においては真の情況は認められず，子どもの日常生活における遊び場や家庭に経験的情況を求めるべきだと，デューイは指摘するのである。

2. 情況の移行としての探究

探究としての経験をもつことにおいて，ばらばらの対象や出来事は存在することはなく，情況としての直接的な広く行き渡った性質をもつ，まとまりのある一つの全体が確認される。それは，探究の定義で示したように，探究とは不確定な情況を確定した情況に方向づけ転化させるという情況の変容こそが探究の真髄であるということからも支持される。探究における操作は観察（observation）と観念作用（ideation）の交互作用によるが，それには情況に存在するトランザクションの連続が必要になる。つまり，探究は，経験的情況から生起し，探究がなされた後は安定した情況が生まれるため，探究とは情況の変容であると結論付けられる。

参考文献・引用文献

1 Dewey,J.(1986)*Logic:The Theory of Inquiry*. The Later Works 12, Southern Illinois University Press, p.108.

2 Dewey,J.(1938)*Experience and Education*. The Macmillan Company, pp.38-39.

3 Dewey,J.(1938)*ibid*.,p.41

4 牧野宇一郎（1977）『デューイ教育観の研究』風間書房 ,p.763.

5 Dewey,J.(1938)*ibid*.,p.42.

6 Dewey,J.(1933)*How We Think*. D.C. Heath And Company, p.99.

7 Dewey,J./ 松野安男訳（1975）『民主主義と教育（上）』岩波文庫 ,p.245.

2節 情況的学習論

1. 基本的見地

子どもの経験は，環境との相互作用により成立することから，その際における文脈的関係であるところの情況に注視した指導を進める必要性がある。よって，学習の成立において問題なのは環境というよりも子どもと環境の双方及び相互作用を含んだ質的な全体性をもつ情況である。情況の中では，子どもは自己の内面においてより多くの側面を有することにより様々な学習対象と相互作用する。そこから，コントロールできる環境を広げるとともに自己を更新することができると考える。

学習過程においては，固定的な問題提示に止まることなく，探究の先行条件である疑問的情況が設定できるように配慮する。それには，普段の学校での生活又は生活科の学習の基盤として，経験的情況を考慮しなければならない。

2. 具体的指針

(1) 問題となるのは環境よりむしろ情況

生活科では，子どもが主体的に学習活動に取り組むことができるように学習環境を整えることが重視されるが，一つの疑問が生じる。それは，有効な学習環境が整備されれば，全ての子どもが主体的に学習に取り組むがごとくされる点である。つまり，環境のみが問題にされて，有機体であり心的傾向を有する子ども一人一人の存在があまり取り扱われていないことである。

例えば，かわいいウサギがいれば全ての子どもがウサギとの相互作用が成立するということではなく，子どもの興味・関心や実態によれば関われないこともある。つまり，この情況では子どもとウサギという関係だけではなく，例えば子どもと他の子どもという関係があり，そこでも相互作用があるということで，それらの関係全体によりウサギとの直接的な相互作用が阻害される場合が起きることも当然考えられる。これは，情況のもつ特質である「つながりのある全体」であり，学習主体自身と対象との様々な相互作用が情況である質的な全体性を醸し出している。

情況は，相互作用している客観的条件と内面的条件からなるが，それらの条件が変化することにより，情況も変化すると考えられる。つまり，情況は固定的に規定されるべき性質のものではなく，動的に解釈されるものである。デューイ (1938) が「様々な情況がうまくつながる[1]」と，情況の連続性を述べ，「個人が一つの情況から他の情況へと移ると，彼の世界すなわち彼の環境は様々に展開しまとめられる[2]」と，情況の移行が子どもの世界や環境を様々に変えるという見解が興味深い。

そこで，学習指導においては，個々の子どもがもつ情況は常に流動的であるという認識をもつこと，情況は学習に対して効果を及ぼすことができるように，子どもを適切に支援することが必要である。そのための方策は，子どもが情況の中で，あるいは情況に対して目的をもつように支援することが考えられる。デューイは，「正しい目的の価値は，我々がそれを用いて情況を変えることができるということにある。それは，その情況の中に望ましい変更を生じさせるように，情況を処理する方法なのである[3]」と，目的 (aim) と情況との望ましい関係を述べ，目的は，情況の中での考察に基づくとされる。目的は，子ども自身が置かれている情況における事物から見出されなければならない。先ほどのウサギの事例では，ウサギがいてもウサギに近づけない子どもは，その情況における客観的条件を観察することにより，「ウサギを抱いている友達に近づいてウサギを近くで見よう。」等という，自らが今の情況を打開する目的をもつことが，情況を変更することに繋がると考えられる。

(2)　内面において，より多くの側面を有する客観的条件と相互作用

子どもが自己の内面的条件を数多く有するということは，それまでの子どもの経験や発達によって左右される問題かもしれないが，それは情況の性質によっても影響を受けるものでもある。例えば，質的な学習の

雰囲気という問題がある。これは言葉では表現が難しいが，心理的には例えば，子どもと教師や子供間の温かい人間関係が学習の支持的風土を構成する。また，物理的にも多様な教材があることや，時間や活動場所にゆとりがあること等が学習条件を豊かにすることに繋がる。

このように，子どもが存在する情況の性質として具体的に環境要因が整備されることにより，子どもは学習への興味や関心を高め内面的にいろいろな思いや願いをもち，その実現に向かって様々な学習対象と相互作用する。それにより，自分自身の経験の世界を広げることになる。

(3) 疑問的情況が設定できる経験的情況

子どもの学習を探究として位置づけるとき，まず探究の先行条件である不確定な情況が存在する。子どもが試行錯誤や探索活動等により環境条件を検討し，反応活動を選びそれらを整理し方向付けるとき，探究が開始されるのである。

探究へと導くような疑問的情況は，経験的情況によって導かれると考えられる。経験的情況とは，デューイによると伝統的な学校の外で現れるような情況である。それは，日常生活において興味を起こさせ活動させる活動的な仕事（occupation）に内在するであろう。なお，経験的情況においては，教師の強い働きかけがなくても，子どもは，主体的になり自然と学習が成立すると考えられる。

デューイは，教科の知識を伝えるだけの教師または教科書の側にかたよった情況を学校的情況（school conditions）とよび，子ども自身の問題であり観察を呼び起こし実験を行わせるような情況を経験的情況（empirical situation）と称した。学校的情況を経験的情況に変えるためには，教師が教育技術をいかに改良しようともその実現はならないのであり，子どもたちが具体的に活動できるような環境を作ることが，経験的情況をもつ近道であるとされる。

さらに，情況は質的なものであるため，子ども一人一人において異なるものであるという認識に立てば，同じ課題を提示し教師だけの情況把握に依存した教師主導の画一的な学習指導ではなく，子ども自らが個性的な情況（子どもの個性に基づく性質により醸し出される情況）を形成することが必要になる。つまり，子ども自身が問題的情況に浸ることを通して，独自の問題を見付け，自ら考えたり，判断したり，表現したりする活動を通し，主体的に問題を解決に導くよう配慮する。

このように，学習の導入時において個別の情況をもつことや，学習の深まりを情況の移行と見なすことにより，生活科においても自立し生活を豊かにすることを目指し，探究としての学習が成立すると考える。

3. 授業改革の視点から

文部省（1993）は，新設時の生活科における授業改革のポイントを，①授業への教師のかかわり方の見直し，②個を生かす配慮，③体験的な活動の組み入れ，④学習の場や対象の見直しの４点を示した[4]。これらの要点は，子どもの学習は個性的なものであることへの配慮と，広がりをもった体験的な活動を推進することの２点にあると考えられる。

デューイの情況論から眺めると，生活科においては，経験的情況から探究の先行条件である疑問的情況が構成され，探究の過程を経て情況が質的に変化することにより，安定した情況が引き出されるように教師がかかわることが指導の方向であろう。つまり，当時の文部省が示した「豊かな感性を育て自分なりに考え表現する力を育て，子供が主体的にかつ総合的にかかわれる個性的な活動[5]」は，デューイのいう探究による活動に他ならないとすると，生活科では，子どもが経験的情況をもち探究による自力での情況変換の過程こそが問題になり，教師の支援は探究を成立させ主体的に進めることと相互依存の関係である。

4. 学習おける各情況

生活科学習において考慮する情況を図 6-1 に示した。情況の特質として，子ども自身の経験的情況から学習を開始されなければならないため，経験的情況は，全ての学習の場においても存在すると考える。また，子どもの活動は探究過程であり，デューイが示す探究の過程は情況変換の過程である言説に基づき，探究の進行に伴って諸情況を仮定する。また，探究あるいは反省的思考の機能は，経験的情況における曖昧さや問題がある情況を，安定し調和された情況へ変換することが必要である。

疑問的情況から決定的情況への変換が発端と結末を用意するのであるが，疑問的情況は直接に決定的情況を導くものではなく，二つの情況の間を接続する情況が存在する。つまり，疑問的情況は，探究においては諸暗示から知性化に至る情況である。また，決定的情況は探究の第5の相である実験が完了した時点での情況である。よって，探究の第3の相である仮説から推論を経て実験に至る探究の主要部での情況が示される必要がある。そこで，探究の中心が展開される探究的情況と，探究としての活動を正当に評価する評価的情況が疑問的情況から決定的情況の間に位置付くと考え，4情況の存在を仮定した。

経験的情況（empirical situation）

疑問的情況 (doubtful situation)	探究的情況 (inquiring situation)
決定的情況 (settled situation)	評価的情況 (appreciative situation)

図6-1 生活科学習に存在する各情況

参考文献・引用文献

1 Dewey,J.(1938)*Experience and Education*. The Macmillan Company, p.43.

2 Dewey,J.(1938)*ibid*.,p.43.

3 Dewey,J./ 松野安男訳(1975)『民主主義と教育（上)』岩波文庫 ,pp.169-170.

4 文部省(1993)『新しい学力観に立つ生活科の学習指導の創造』東洋館出版社 ,pp.8-11.

5 文部省(1993)『同上書』.p.10.

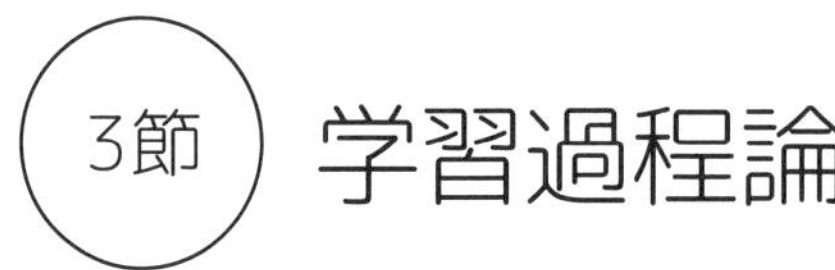

3節 学習過程論

1. 基本的見地

情況論を踏まえた学習過程は探究としてのまとまりを有する情況に内在する相互作用ごとに展開されるものである。また，学習過程は探究の５つの過程に基づき移行すると考える。しかし，デューイも反省的思考において述べているように，５つの過程は順序が乱れたり，ある過程が削除されたりすることが起こる。

2. 基本構造

学習過程における探究過程として取り扱う基本構造は，前節で示した経験的情況にある４情況上に展開される。それは，４情況も探究に対応して設定したものであるため，探究における５つの過程に対応する。

基本構造図で位置付けた，好奇心（curiosity），関係付け（reference），知恵（wisdom），の解釈はデューイの見解に基づき以下に示す通りとする。

［好奇心（curiosity）］

積極的に経験の拡大を図る外向的諸傾向である。探究（反省的思考）へと導く思考的萌芽としての第一の手がかりである[1]。

［関係付け（reference）］

探究の第6の過程と考えてもよい機能で，推論や既習経験との関係において諸暗示の価値を検証する反省を含んでいる[2]。

［知恵（wisdom）］

知恵は，一層充実した生活の仕方に向かって諸能力を指導するものであり，単に獲得され蓄積されるだけの知識（knowledge）とは区別する[3]。

図 6-2 は，基本構造における諸過程を，子どもの内的意味付けで表したものであり，子どもは，新奇性・複雑性・応答性・問題性を有する低構造性環境とのトランザクション（transaction）により情況の変換として

の探究を進行させると考えている。

学習過程の一般的な流れを説明すると次のようになる。

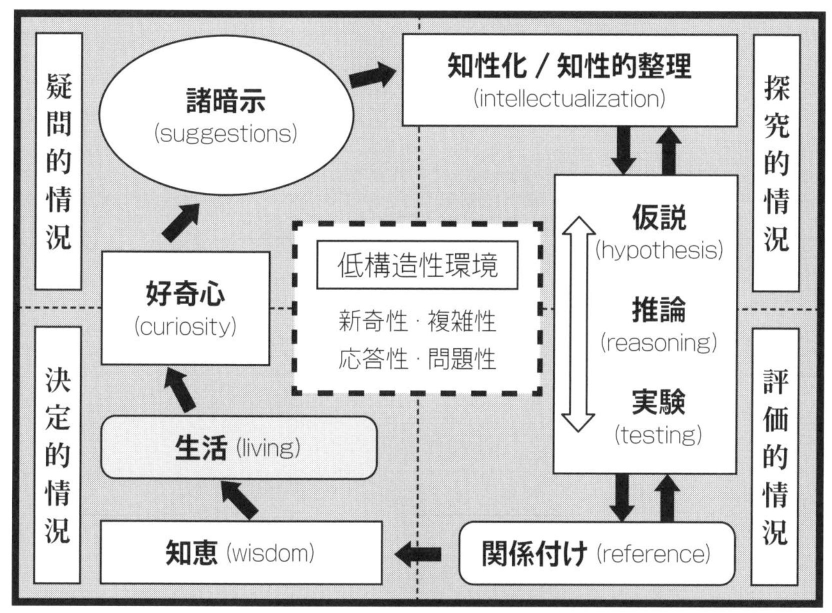

図 6-2 探究学習の基本構造 (内的意味付け)

子どもは，身近な生活における事象に対して好奇心を抱き，様々な問題に興味や関心をもち，その中から追求する問題を設定する。そして，過去の経験を反省したり現前の事象を観察したりして，問題についての多くの暗示を抱く。それから，諸暗示を知性的に検討することにより問題の解決に適した暗示を選定する。

次に，仮説→推論→実験により具体的な活動や体験で検証し，その過程や結果を過去の経験と関係付けたり，未来への予測と調整したりして生活において諸能力を指導する知恵として習得する。そして，知恵が心的傾向や行動的傾向を制御し生活 (学習) が営まれ，また，そこから新たな疑問が生じるという具合に探究のサイクルが繰り返されるのである。

ところで，このサイクルを生活科の学習としての外的な表出で考えると，図 6-3（p.150）のように，まず試行錯誤や探索，あるいは思いつき等の行為があり，それらを通してどのような活動に取り組むのかが次第に明らかにされる。そして，活動が選択され具体的な操作を含む体験的な活動が行われ，表現活動や交流活動等との往還により活動が深まり広がる。これらの活動と関連して機能する自己評価活動により，更に自分のこれまでの経験や現実の生活との考察がなされる。そして，生活上または学習上必要な態度や技能が獲得され，それらが生きて働く力として日常生活において機能することになる。

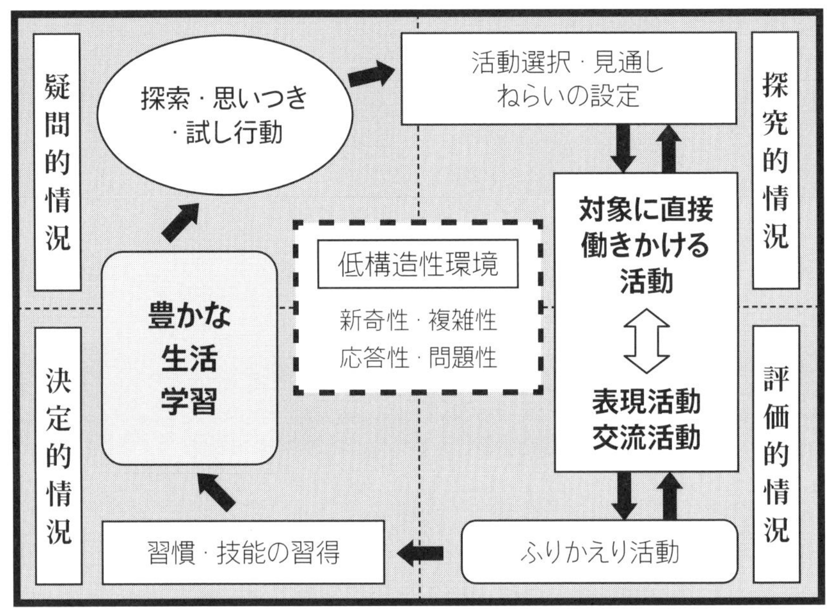

図 6-3　生活科探究学習の基本構造（外的表出）

次に，生活科探究学習の基本構造をふまえて，図 6-4，図 6-5（p.151），図 6-6（p.152）に学習活動における過程を示した。「つかむ」が疑問的情況，「やってみる」が探究的情況，「ふりかえり，ひろめる」が評価的情況に相当している。決定的情況は「いかす」であり，学校における学習活動と家庭や地域生活における生活の場を想定している。生活科学習が生活化するためには，「いかす」場面の設定が必要であると考えている。

つかむ **（問題情況・問題設定）**	・対象と出会う。問題を選択する。 ・願いをもつ。見通しをもつ。
やってみる **（試行・実験・検証）**	・試行錯誤を重ねる。 ・多くの気付きを生みだす。
ふりかえり，ひろめる **（表現・交流・評価）**	・対象と出会う。問題を選択する。 ・願いをもつ。見通しをもつ。
いかす **（生活への適用・次の探究への接続）**	

図 6-4　生活科の学習過程

つかむ **（問題情況・問題設定）**	・対象と出会う。問題を選択する。 ・願いをもつ。見通しをもつ。
やってみる **（試行・実験・検証）**	・子どもの活動（気付きの生みだし）を肯定的に受け止める。 ・活動の改善（工夫）を見つけ，賞賛する。
ふりかえり，ひろめる **（表現・交流・評価）**	・友だちと交流しやすい場（ペア・グループ・全体）を構成する。 ・気付きを言語化するためのカードを提示する。
いかす **（日常生活の中で，友だちや家族，地域の人々と活動を共有することにより，気付きの質を高める。）**	

図 6-5　生活科の学習過程（教師の支援）

つかむ（問題情況・問題設定）	・どんな「たんけんマップ」をつくりたいの。 ・大きくて，にぎやかなマップだよ。
やってみる（試行・実験・検証）	・大きな絵を描いてみたよ。 ・箱を使って，お店を作ったよ。
ふりかえり，ひろめる（表現・交流・評価）	・先生のマップに，おいてみたよ。 ・箱のお店は，にぎやかだと言われたよ。
いかす（日曜日に，おかあさんとお店に行ったよ。中に，大きな冷蔵庫があったよ。今度，つくるよ。）	

図6-6　生活科の学習過程（事例）

参考文献・引用文献

1 Dewey,J.(1933)*How We Think*. D.C. Heath And Company, pp.36-40.

2 Dewey,J.(1933)*ibid*.,pp.117-118.

3 Dewey,J.(1933)*ibid*.,pp.63-64.

学習指導要領の要点

全面改訂された学習指導要領ではあるが，生活科の究極目標や学習の姿は継続された。生活科本来の学びである学習活動と豊かな生活の創造に向けて，要点を整理する。

1節 生活科の目標

1. 教科目標の変遷

生活科は，1989 年 (平成元年) の小学校学習指導要領において設置された教科であり，以下の教科目標が設定された。

> 具体的な活動や体験を通して , 自分と身近な社会や自然とのかかわりに関心をもち , 自分自身や自分の生活について考えさせるとともに , その過程において生活上必要な習慣や技能を身に付けさせ , 自立への基礎を養う。

その後，1998 年 (平成 10 年) の小学校学習指導要領において，初めての改訂が行われた。改訂の背景には，少子化・高齢化・情報化・国際化の進行があり，児童が適切な人間関係を構築することが困難な状況になったことで，身近な人々とふれあう機会を多く持つことの必要性があった。その流れにあって，生活科の教科目標にも「人々」の文言が加えられた。

> 具体的な活動や体験を通して , 自分と身近な人々 , 社会や自然とのかかわりに関心をもち , 自分自身や自分の生活について考えさせるとともに , その過程において生活上必要な習慣や技能を身に付けさせ , 自立への基礎を養う。

2008 年 (平成 20 年) の小学校学習指導要領の改訂においては，生活科の教科目標に変更はなかった。目標の変遷をみるとき，設置当初の教科目標は一文での表記であったが，盛り込まれた 5 つの事項が洗練され，生活科の姿がよく検討された結果の産物であったことが窺える。

しかし，2017 年（平成 29 年）の小学校学習指導要領では，生活科のみならず各教科・領域の目標の表記が全面改訂された。

教科目標の構成は，前提となる特質，生活科固有の見方・考え方，究極の児童の姿があり，目指す資質・能力として，(1) 知識及び技能の基礎，(2) 思考力，判断力，表現力等の基礎，(3) 学びに向かう力，人間性等が示された。

> 具体的な活動や体験を通して，身近な生活に関わる見方・考え方を生かし，自立し生活を豊かにしていくための資質・能力を次のとおり育成することを目指す。
>
> (1) 活動や体験の過程において，自分自身，身近な人々，社会及び自然の特徴やよさ，それらの関わり等に気付くとともに，生活上必要な習慣や技能を身に付けるようにする。
>
> (2) 身近な人々，社会及び自然を自分との関わりで捉え，自分自身や自分の生活について考え，表現することができるようにする。
>
> (3) 身近な人々，社会及び自然に自ら働きかけ，意欲や自信をもって学んだり生活を豊かにしたりしようとする態度を養う。

2. 教科目標の構成

目標のリード文は，以下の構成により説明されている。

○具体的な活動や体験を通す。

具体的な活動や体験には，直接働きかける活動と表現活動が該当する。具体的な活動や体験は，目標であり，方法であり，内容とされている。つまり，具体的な活動や体験は教科全体を貫くものである。

○身近な生活に関わる見方・考え方を生かす。

どのような視点で物事を捉え，どのような考えで思考していくかに関わる表記であり，教育と社会をつなぐものである。見方は，「自分は，対象とどのように関わっているのか」であり，考え方は，「自分自身や自分の生活について考える」ことと示されている。

○自立し生活を豊かにしていく。

自立は，「学習上・生活上・精神的」の３つの自立から構成される。

「学習上の自立」とは，興味・関心に基づき自ら進んで学習し自分の思いや願いを適切な方法で表現することである。「生活上の自立」とは，周りと適切にかかわることであり，生活上必要な習慣や技能を身に付けよりよい生活を創り出すことに繋がる。「精神的な自立」とは，自分の意見や考えをはっきり言うことであり，自分のよさや可能性に気付き，意欲や自信をもち，現在や将来の自分自身のありかたを求めることになる。

今回の学習指導要領で新しく追記された「生活を豊かにする」とは，生活科の学びを実生活に生かし，よりよい生活を創造していくことである。豊かとは，自分の成長と共に，周囲との関わりやその多様性が増すことであり，一つ一つの関わりが深まっていくことであり，自分自身や身近な人々，社会及び自然が一層大切な存在になって，日々の生活が楽しく充実したり，夢や希望がふくらんだりすることである。

資質・能力の３つについては，以下の通りである。

「知識及び技能の基礎」は，活動や体験の過程における気付きであり，生活上必要な習慣や技能につながる。「思考力・判断力・表現力等の基礎」は，自分とのかかわりで対象の特徴や価値を探ることである。そこには，思考と表現の一体化がある。「学びに向かう力，人間性等」は，自分からの働きかけが重要であり，自分の成長から自信，意欲へ導くものである。

3. 学年の目標

２学年共通として，望ましい活動と資質・能力３項目が示された。

学年目標の設定は，以下の通りである。

(1) は，学校，家庭及び地域の生活に関わることであり，生活科の学習内容 (1)(2)(3) で構成されている。子どもの生活圏を示すものであり，学校・家庭・地域の「よさ」「すばらしさ」に気付くことである。その中で，集団や社会の一員として，安全で適切な行動ができるようにする。

(2) は，身近な人々，社会及び自然と関わる活動に関する内容であり，生活科の学習内容 (4) ～ (8) で構成されている。具体的には，公共物や公共施設の利用，季節や移り変わりを感じる活動，遊びの創造や物づくり，動植物の飼育・栽培などの活動であり，活動の過程で伝え合い交流する活動が含まれる。このような活動を通して，学習対象の特徴やよさに気付き，不思議さや面白さを感受し，関わりの楽しさを実感していく。それは，体験的な活動を通して，自分たちの遊びや生活を改善する視点であり，自ら環境に働きかけて豊かな生活を営もうとする姿勢である。

(3) は，自分自身の生活や成長に関する内容であり，内容 (9) 単独で構成されている。自分自身を見つめることにより，自分の成長や変化，周りの人の支えに気付き，考えることが大切である。自分のよさや可能性に気付いた子どもは，自分自身に対して肯定的な見方ができ，周りの人々に感謝の気持ちを持つ。こうして，これからの生活に対しての見通しをもち，意欲と自信を持って自己の目標に向かって成長し続ける。

学年目標は第 2 学年修了までに実現することを目指しており，内容の 3 つの階層を基に再構成された。2 学年を見通した目標が設置されたのは，2 年間で繰り返し関わることや，学習対象の範囲を広く求めるという生活科の特質に配慮した結果である。

参考文献

・文部省 (1989)『小学校学習指導書　生活編』教育出版
・文部省 (1999)『小学校学習指導要領解説　生活編』日本文教出版
・文部科学省 (2008)『小学校学習指導要領解説　生活編』日本教育出版
・文部科学省 (2018)『小学校学習指導要領解説　生活編』東洋館出版社

2節 生活科の内容

1. 内容構成の考え方

生活科の内容は９項目で構成されているが，その際に必要とされる視点がある。単元の構成に当たって，学習内容にこれらの視点を明確に位置づける必要があり，９項目の内容は複数の視点から構成されていることに留意する。各視点とそのあらましは，以下の通りである。

ア．健康で安全な生活→健康や安全に気を付け正しい生活を行う。
イ．身近な人々との接し方→学校・家庭・地域の人と適切に接する。
ウ．地域への愛着→地域の人々や場所に親しみや愛着をもつ。
エ．公共の意識とマナー→公共物や公共施設を正しく利用する。
オ．生産と消費→身近な物を利用したり，リサイクルしたりする。
カ．情報と交流→多様な手段で情報を活用し，身近な人と交流する。
キ．身近な自然との触れ合い→自然や動植物と触れあい，生命を尊重する。
ク．時間と季節→一日の生活時間を工夫し，季節を感じ楽しむ。
ケ．遊びの工夫→おもちゃを作り，遊び方を工夫して楽しく過ごす。
コ．成長への喜び→自分の成長を見つめ，周りの人に感謝する。

2. 内容を構成する具体的な学習活動や学習対象

生活科では，育てたい児童像をイメージしながらどんな学習対象とどんな学習を構成するかが問題である。そこで，以下の学習対象になる「ひと」「もの」「こと」「とき」等が示されている。

①学校の施設②学校で働く人③友達④通学路⑤家族⑥家庭⑦地域で生活したり働いたりしている人⑧公共物⑨公共施設⑩地域の行事・出来事⑪身近な自然

⑫身近にある物⑬動物⑭植物⑮自分のこと

3. 内容の階層性

9項目の内容は，下記の3つの階層で表される。第1層は，「学校，家庭及び地域の生活に関する内容」，第2層は，「身近な人々，社会及び自然と関わる活動に関する内容」，第3層（最上層）は，「自分自身の生活や成長に関する内容」である。

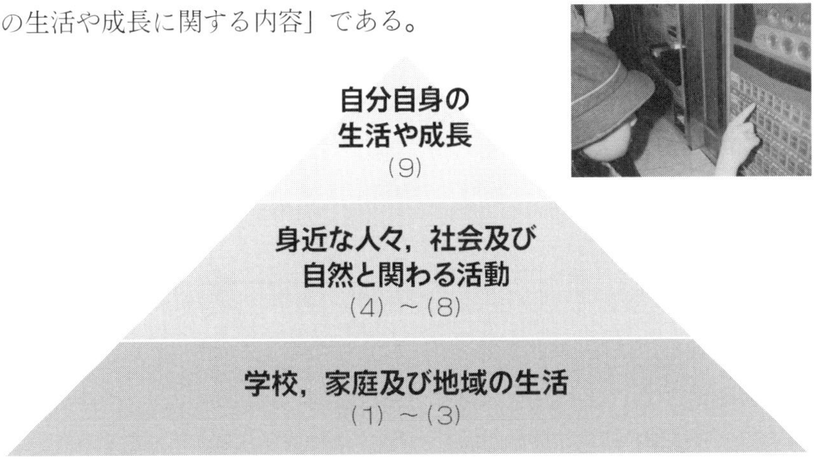

図7-1 生活科の内容のまとまり（カッコの数字は内容項目）

第1層は，児童の生活環境に関する内容であり，学校・家庭・地域における身近な学習対象が存在する。生活科における活動や体験の範囲を示すものであり，学習の場を学校だけではなく家庭や地域に求め拡げた生活科の特質を示している。

第2層は，生活科の目標である「生活を豊かにする」ために，低学年の時期に体験させたい活動や体験を示しており，各内容が複合化されて豊かな活動が創造され，児童の生活経験が深まることが期待される。

第3層は，学習内容(9)自分の成長に関わる内容である。生活科が目指している自立への基礎につなげるため，他の8つの全ての内容が集約される。単元としては，各学年の最終に単独で設定されることが多いものの，全ての内容と関連付けなければならない。

なお，３つの階層は，それぞれのまとまりに上下関係があるわけではなく，学習の順序性を規定しているものでもないのであり，位相ではなく大きなまとまりとして全体像を把握することが大切である。

4. 各学習内容について

(1) 学校と生活

学校生活に関わる活動を通して，学校の施設の様子や学校生活を支えている人々や友達，通学路の様子やその安全を守っている人々などについて考えることができ，学校での生活は様々な人や施設と関わっていることが分かり，楽しく安心して遊びや生活をしたり，安全な登下校をしたりしようとする。

学校生活に関わる活動

学校探検を通して，学校の人々や施設・設備とかかわり，学校のよさや特徴に気付き，学校における楽しみや自分の居場所を見つける。また，通学路について，日々の登下校で発見した通学路での様子を共有する。

学校の施設の様子や学校生活を支えている人々や友達，通学路の様子やその安全を守っている人々などについて考える

学校の施設や設備，教職員の方々が自分とどう関わっているかを考えるため，施設・設備と人々を関連付けてとらえる。例えば，玄関にきれいな花が咲いている場合，花の美しさに感動するとともに，「この花は，誰がお世話しているのかな」と関わっている人への思いを馳せることが大切になる。通学路の安全では，地域の見守り隊やPTA活動の保護者の方の様子に関心を持ち，それらの人々の存在を自分との関わりで考える。

学校での生活は様々な人や施設と関わっていることが分かる

自分の生活が，学校の人々や施設と関わっていること，また，学校全体の人々や安全生活の確保のために必要であること，学校の公共性に気付き，ルールやマナーが存在することなど，活動を通して実感する。

楽しく安心して遊びや生活をしたり，安全な登下校をしたりする

児童一人一人が，安全に登下校し，学校で楽しく安心して生活することとは自然災害や人的災害や事件が多発する現代の課題でもある。とりわけ，学校挙げてのカリキュラム・マネジメントによるスタートカリキュラムの作成など就学時の対応が求められる。生活科の学習を通して，自分自身の望ましい行動が安定してできる児童を育成する。

○関連単元：たのしいがっこう（主な内容❶④⑧）（p.170）

(2)　家庭と生活

> 家庭生活に関わる活動を通して，家庭における家族のことや自分でできることなどについて考えることができ，家庭での生活は互いに支え合っていることが分かり，自分の役割を積極的に果たしたり，規則正しく健康に気を付けて生活したりしようとする。

家庭生活に関わる活動

家庭における自らの存在を確かめるため，自分の家庭生活を見つめ，自分にもできる役割があることに気付き，家庭での楽しみを創造して家族と共有したり家族が喜ぶことを考えて実践したりする。

家庭における家族のことや自分でできることなどについて考える

家族の存在や仕事，役割，家族の団らんなどが自分自身の存在や自分の生活とどう関わっているかや，自分自身で行うことや家族が喜ぶことを考える。実際に家庭学習としての活動を進めることもあり，保護者等との連携を進めて共に活動を考える場面を設定することが必要である。

家庭での生活は互いに支え合っていることが分かる

自分の存在や生活が，家族や家庭生活の維持に関わり，家族の全てが互いに支え合っていることが分かる。そのため，家族のそれぞれの役割や仕事に目を向け，家族の構成員としてそのつながりを自己認識し，できることを自己決定し，見通しを立てることが必要である。

自分の役割を積極的に果たしたり，規則正しく健康に気を付けて生活したりしようとする

家族や家庭に関わる活動を積極的に進め，自分の生活を見つめ直し役割を増やすこと，家庭生活における生活リズムを確立して健康に気を付けた日常生活を実践する。また，家族と日常的に挨拶を交わし，基本的な生活習慣を身に付けることが必要である。さらに，家族に学校で楽しかった経験を紹介したり，学校で収穫した野菜を共に食したり，作ったおもちゃを持ち帰り，家族に紹介し一緒に遊んだりするなど，他の内容と関連付けることも効果的な活動である。

○関連単元:やってみよういろんなしごと（主な内容❷①⑧）（p.171）

(3)　地域と生活

> 地域に関わる活動を通して，地域の場所やそこで生活したり働いたりしている人々について考えることができ，自分たちの生活は様々な人や場所と関わっていることが分かり，それらに親しみや愛着をもち，適切に接したり安全に生活したりしようとする。

地域に関わる活動

児童の生活圏である地域（学校区）へ実際に出かけ，地域で生活したり働いたりしている人々と関わったり，地域の施設を利用したり自然を味わったりする。その中で，地域の人々の思いや願い，地域ならではの事物のよさに気付き，自分との関わりを見出すことである。

地域の場所やそこで生活したり働いたりしている人々について考える

普段の生活で何気なく通り過ぎている施設や接している人々は，自分とどのように関わっているかを考える。そのためには，実際に施設を訪問し利用したり，自然の中で遊んだりする。さらに，地域の人々の生活に触れ，仕事を観察し自らインタビューすることなどが必要になる。

自分たちの生活は様々な人や場所と関わっていることが分かる

地域の人々や事物と繰り返し関わることで，それらと自分との関係に気付き，その意味や価値について理解することができるようになる。また，「自分たち」という視点で，自分を含めた友だちや家族とのつながりについても分かろうとすることが大切である。

親しみや愛着をもち，適切に接したり安全に生活したりする

地域の人々に自分から挨拶をしたりインタビューしたりするなど積極的に接することにより，相手のよさを感じ親しみが持てる。そして，自分にとってかけがえのない人や場所となるとき，「愛着」の気持ちが生まれ，それが夢や希望とつながる自己の「憧れ」になることもある。安全生活については，ルールや注意事項を守って安全な生活を送ること，地域は危険な場所ではなく，自分たちにとって安全・安心なかけがえのない場所であることが感じられるようにすることが必要である。

○関連単元：町をたんけんしよう（主な内容❸④⑤⑧）（p.172）

(4)　公共物や公共施設の利用

> 公共物や公共施設を利用する活動を通して，それらのよさを感じたり働きを捉えたりすることができ，身の回りにはみんなで使うものがあることやそれらを支えている人々がいることなどが分かるとともに，それらを大切にし，安全に気を付けて正しく利用しようとする。

公共物や公共施設を利用する活動

地域や学校にある，みんなで使う身の回りの物や施設を実際に使用し，それらに関係する人々と関わる。その体験を通して，それらの存在やありがたさを感じ，意図や自分たちの生活と関わる意味に気付いて，安全に正しく利用することができるようになることである。

それらのよさを感じたり働きを捉えたりする

みんなで実際に利用することで，よさを実感し物や施設の機能や意味に気付き，自分との関わりに思いを馳せることになる。例えば，図書館を利用することで，蔵書の多さや配架の工夫，リラックスするスペースがあるなどを確認することで利用者目線での工夫に気付くことができる。

身の回りにはみんなで使うものがあることやそれらを支えている人々がいることなどが分かる

「みんな」とは，身近な友だちだけではなく，幼児や高齢者，障害のある人や外国人などすべての人の視点に立つことが必要である。そして，全ての人が利用しやすいように配慮されていること，利用方法やきまりがあることに気付く必要がある。また，公共物や公共施設には，それらを適切に機能させるための職員やボランティアの存在があることで，利用者の期待に応えていることが分かるようにする。

それらを大切にし，安全に気を付けて正しく利用しようとする

学習活動の目的に応じ，繰り返し体験利用することを通して，みんなで安全に正しい利用を心掛け，自分たちの生活に生かしていく。その繰り返しが，日常の家庭生活や地域生活における利用に繋がり，豊かな生活をつくろうとする意識を高めることになる。

〇関連単元：こうえんであそぼう（主な内容❹⑤③⑧）（p.173）

(5) 季節の変化と生活

> 身近な自然を観察したり，季節や地域の行事に関わったりするなどの活動を通して，それらの違いや特徴を見付けることができ，自然の様子や四季の変化，季節によって生活の様子が変わることに気付くとともに，それらを取り入れ自分の生活を楽しくしようとする。

身近な自然を観察したり，季節や地域の行事に関わったりする活動

児童の生活環境に存在し日常的に繰り返し関わることのできる自然に対して，諸感覚を使って自然の素晴らしさや魅力を感じることである。また，季節の変化に関係づけて行われる地域の行事を調べたり，直接関わったりすることである。自然を観察する活動は，場所を決めて（定点観察），季節ごとに行い変化に気付くことが必要である。また，行事については地域の特色が表れているもの，児童の視点から理解できるものを取り上げ，人々の願いや思いを感じることができるようにする。

それらの違いや特徴を見付けることができる

身近な自然の変化や特徴を見付けるためには，繰り返しの観察から感じたり整理したりした気付きの交流が必要である。また，地域の行事のよさを見付けるためには，児童自身が行事への思いをもち，行事に関わる人々と交流することが必要である。

自然の様子や四季の変化，季節により生活の様子が変わることに気付く

身近な自然の継続観察を通して共通点や相違点に気付き，季節の変化を実感することにより自分たちの生活と四季の変化が密接につながり，生活に取り入れられていることを見出すことである。

それらを取り入れ自分の生活を楽しくしようとする

自然との触れ合いや地域や学校の行事と関わる中で，気付いたことを毎日の生活に生かし，自分や身の回りの人々の暮らしを楽しく充実したものにしようとすることである。「生活に取り入れる」という表現は，幼稚園教育要領でも見かけられ，児童を生活者と見なし，その自立を促す視点でもあると考えられる。

〇関連単元：ふゆをたのしもう（主な内容❺①②⑥⑧）（p.174）

(6)　自然や物を使った遊び

> 身近な自然を利用したり，身近にある物を使ったりするなどして遊ぶ活動を通して，遊びや遊びに使う物を工夫してつくることができ，その面白さや自然の不思議さに気付くとともに，みんなと楽しみながら遊びを創り出そうとする。

身近な自然を利用したり，身近にある物を使ったりして遊ぶ活動

低学年の児童の生活は遊びを中心に形成されており，その遊びを直接的に取り上げた活動である。ここでの身近な自然は，遊びの目的のために選んだ自然物や現象である。また，身近にある物の中で遊びに使用する材料を児童の視点で選び出し，その特質を生かして遊ぶ。

遊びや遊びに使う物を工夫してつくることができる

遊びの本来の姿を確認し自発的・主体的な遊びを進めるために，遊びを生成したり遊びに使う物（おもちゃ）を試行錯誤や自らの工夫を入れて作ったりすることである。その際には，「見付ける」「比べる」「たとえる」「試す」「見通す」「工夫する」などの学習活動を位置付け，思考しながら製作活動を進めることが必要である。

その面白さや自然の不思議さに気付く

遊びは，遊戯性を発揮し面白くすることに全集中が傾けられる。つまり，遊びの質の向上は面白い遊びを創り出すことである。遊びの面白さとは，遊び自体に没頭する姿，遊び方やルールの工夫，遊び仲間が増えていくことで実現できる。また，自然の不思議さは，児童の見通との相違を感じたり，自然のきまりを見付けたりすることである。また，自然の諸現象そのものへの素直な感動も生まれる。

みんなと楽しみながら遊びを創り出そうとする

児童の生活を豊かにする遊びは，友だちとの関わりを通して生成されるものである。また，その過程で友だちの存在の意味や，一人一人の個性を互いに感じ取ることができるのである。自作したおもちゃやゲームの使い方や場を工夫したり，ルールをみんなで決めて楽しい遊びを創出したりすることが大切である。

○関連単元：おもちゃであそぼう（主な内容❻⑤⑧）（p.175）

(7)　動植物の飼育・栽培

> 動物を飼ったり植物を育てたりする活動を通して，それらの育つ場所，変化や成長の様子に関心をもって働きかけることができ，それらは生命をもっていることや成長していることに気付くとともに，生き物への親しみをもち，大切にしようとする。

動物を飼ったり植物を育てたりする活動

児童の日常生活では，自然に対して恒常的に関わることが少なくなっているため，継続した動物の飼育や植物の栽培を行うことで，生物への親しみや命の大切さを学ぶ。2年間にわたって，飼育・栽培の両方の活動を進め，児童が主体的に世話をすることができるように，適切な動植物の選定と生育環境を設定しなければならない。

それらの育つ場所，変化や成長の様子に関心をもって働きかける

興味や関心をもって動植物に心を寄せ，成長や変化を目指して懸命に育てようとする児童の姿がある。その中で，生育条件や生育環境に目を向け，自ら働きかけるようになる。つまり，動植物の立場に立って世話を工夫し，それらの成長や変化を楽しみにする児童の姿を求める。

それらは生命をもっていることや成長していることに気付く

動植物に継続して関わることにより，固有の特徴や育つ環境，成長過程に応じた適切な世話の仕方に気付き，それらと自分たちの世話や自分自身との関わりに気付くことである。その気付きが，飼育・栽培活動への意欲につながり，より動植物の立場に立って考え，生き物目線で適切な世話をすることができるようになる。

生き物への親しみをもち，大切にしようとする

長期的に世話を続けることにより，動植物と自分とのつながりが生まれ，それが親しみや愛着，命あるものに関わる責任感の育成につながる。最初は，動物に関わることが苦手だったり，毎日の水やりが十分にできなかったりした児童が，自分の生活の一部として飼育・栽培活動を位置付け，生活を豊かにすることにつなげる。

○関連単元：はなやいきものとなかよし（主な内容❼①⑤⑧）（p.176）

(8) 生活や出来事の伝え合い

> 自分たちの生活や地域の出来事を身近な人々と伝え合う活動を通して，相手のことを想像したり伝えたいことや伝え方を選んだりすることができ，身近な人々と関わることのよさや楽しさが分かるとともに，進んで触れ合い交流しようとする。

自分たちの生活や地域の出来事を身近な人々と伝え合う活動

児童が学校・家庭・地域生活の様子やそれらの場所での出来事の全て

が対象になる。とりわけ，生活科における活動はその範囲が広範囲のため，児童の願いをもとに取り出しやすい。人と関わる活動では，関わる人々のことに対する相手意識や目的意識が必要であり，双方向のやりとりが求められる。活動においては，言語活動が主体となるが，表情やしぐさ，態度などの非言語的要素も重要である。つまり，言葉の交流だけではなく感情を絡めた心の交流を進める。

相手のことを想像したり伝えたいことや伝え方を選んだりする

交流する相手は，日常的に関わる友だちや教職員，家族などや，特別の機会に交流する他学年の児童や校外の異校種の人，幼児や障害のある人などである。それらの人の情況や存在を思い浮かべ，伝える内容を考えたり適切な伝え方を選択したりする。交流活動を通して，様々な人には立場や考えがあることに気付き，様々な人の思いや願いに共感する。

身近な人々と関わることのよさや楽しさが分かる

人と関わるよさや楽しさが分かるとは，自分のことや伝えたいことが相手に伝わり，相手のことや相手が伝えたいことに興味を持ち受け止めることである。そのため，相互作用として，双方向のやりとりを重ね，適切な交流を継続することが必要である。

進んで触れ合い交流しようとする

児童は，交流する相手のことに思い入れがあるとその人のことを懸命に考え，積極的に交流しようとする。その過程で，多様な方法で能動的に関わっていきたいとする気持ちが芽生え，触れ合いが生まれ，豊かなコミュニケーションや心の交流の成立につながる。

○関連単元：秋をたのしもう（主な内容❽⑤③）（p.177）

(9) 自分の成長

自分自身の生活や成長を振り返る活動を通して，自分のことや支えてくれた人々について考えることができ，自分が大きくなったこと，自分でできるようになったこと，役割が増えたことなどが分かるとともに，これまでの生活や成長を支えてくれた人々に感謝の気持ちをもち，これからの成長への願いをもって，意欲的に生活しようとする。

自分自身の生活や成長を振り返る活動

現在の自分を出発点として，誕生までを遡り生活の出来事や関わってくれた人の存在を確かめ，その中で成長を感じ取る活動である。児童は，イメージや伝聞だけでは十分に振り返りそれらを具体的につかむことは難しい。そのため，保護者の理解と協力を得て，小さい頃に実際に使っていた物や写真等の記録物からそれを探ることになる。そして，現在の自分の姿から見つめ直し捉えなおすことが必要になる。

自分のことや支えてくれた人々について考える

今の自分と小さかった頃の自分を比べることにより，自分らしさや成長した自分について考える。支えてくれた人々の存在は児童の実態により一律ではない。まずは，今の児童の家族や学校の人から，対象の人を見出していくことが必要である。そこでは，様々な立場の人が自分の成長に関わってきたことを見出すことが大切であり，自分が大きくなったこと，自分でできるようになったこと，役割が増えたことなどが分かることである。

自分の成長に関わってくれた人やこれまで使用した物，記録物から，身体的・心理的な成長を実感し，現在の自分ができることや学校や家庭での役割について実感を伴って分かっていくことであり，これまでの生活や成長を支えてくれた人々に感謝の気持ちをもち，これからの成長への願いをもって，意欲的に生活しようとする。

これまでの生活を振り返ることで，様々な人の存在に気付き，自然に感謝することができ，未来への意欲や見通しをもつ。

○関連単元：わたしの１ねん（主な内容❾①②⑧）（p.178）

参考文献

・文部科学省（2018）『小学校学習指導要領解説　生活編』東洋館出版社

○関連単元：たのしいがっこう（主な内容❶④⑧）

知識・技能	・学校での生活は様々な人や施設と関わっていることが分かる。
思考・判断・表現	・施設の様子や学校生活を支える人々について考える。
主体的な学習態度	・楽しく安心して友だちと遊びや生活をしようとする。

主な活動	自己紹介	みんな遊び	学校探検	発表会	お知らせ
遊び原理	(中)	(濃)		(中)	
探究学習		(中)	(濃)	(濃)	(中)

＊色の濃さは関係の深さを示す。

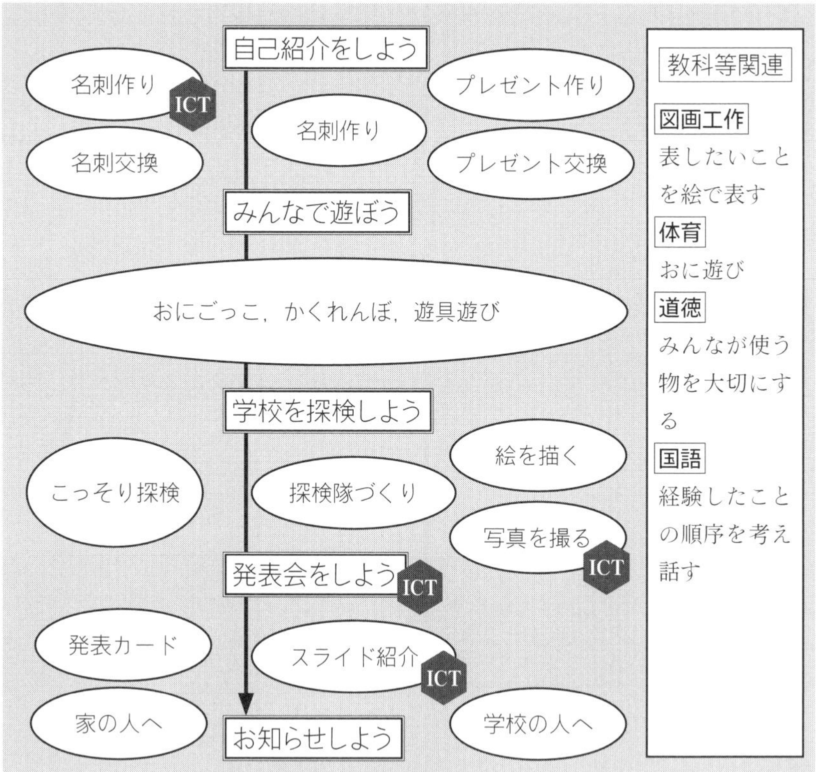

自己紹介をしよう
- 名刺作り（ICT）
- 名刺交換
- 名刺作り
- プレゼント作り
- プレゼント交換

みんなで遊ぼう
- おにごっこ，かくれんぼ，遊具遊び

学校を探検しよう
- こっそり探検
- 探検隊づくり
- 絵を描く
- 写真を撮る（ICT）

発表会をしよう（ICT）
- 発表カード
- スライド紹介（ICT）

お知らせしよう
- 家の人へ
- 学校の人へ

教科等関連

図画工作
表したいことを絵で表す

体育
おに遊び

道徳
みんなが使う物を大切にする

国語
経験したことの順序を考え話す

ここが，ポイント！

幼稚園や保育所などの生活とのつながりを円滑に進めるため，児童の実態に応じて学校生活に関わる活動をスタートカリキュラムで進める。学校生活は，集団生活を基本としていること，時間割に基づいて進められること，学校には多くの児童たちや様々な役割を持った教職員がいて，共に生活を送っていることに気付かせることが必要である。

○関連単元：やってみよういろんなしごと（主な内容❷①⑧）

知識・技能	・家庭生活は家族が互いに支え合っていることが分かる。
思考・判断・表現	・家族のことや自分の役割について考える。
主体的な学習態度	・自分の役割を積極的に果たし，規則正しく生活しようとする。

主な活動	家族紹介	家の「しごと」調べ	「しごと」発表会	「しごと」チャレンジ（学校）	「しごと」チャレンジ（家庭）
遊び原理					
探究学習					

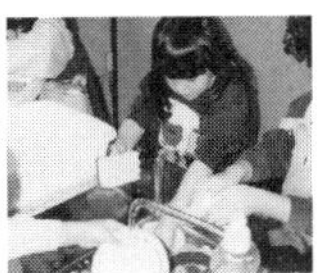

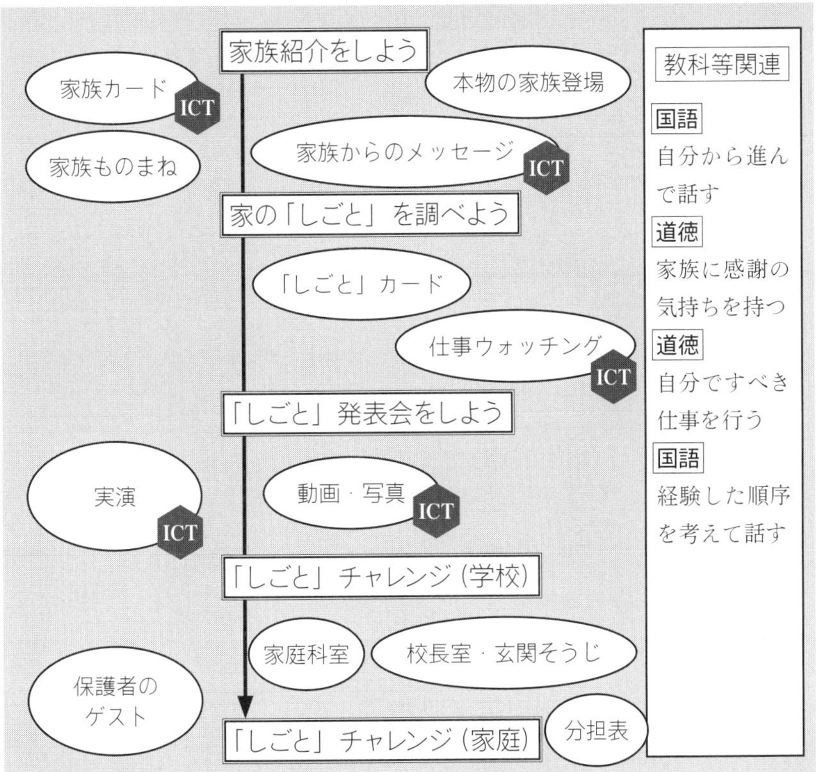

家族紹介をしよう
- 家族カード ICT
- 本物の家族登場
- 家族ものまね
- 家族からのメッセージ ICT

家の「しごと」を調べよう
- 「しごと」カード
- 仕事ウォッチング ICT

「しごと」発表会をしよう
- 実演 ICT
- 動画・写真 ICT

「しごと」チャレンジ（学校）
- 家庭科室
- 校長室・玄関そうじ
- 保護者のゲスト

「しごと」チャレンジ（家庭）
- 分担表

教科等関連
- 国語　自分から進んで話す
- 道徳　家族に感謝の気持ちを持つ
- 道徳　自分ですべき仕事を行う
- 国語　経験した順序を考えて話す

ここが，ポイント！

家庭生活は，児童の生活の基盤であるとともに，教育の根本的機能が備わっている場である。しかし，普段の生活で意識して見つめることは少ない。自分の存在や役割から，家族の喜ぶ顔をイメージして生活の更新をする。時代の変化と共に家庭の機能が変化している現状を踏まえ，プライバシーに配慮し保護者の理解と協力を仰ぎ，無理のない活動を構成する。

○関連単元：町をたんけんしよう（主な内容❸④⑤⑧）

知識・技能　・自分たちの生活は地域の様々な場所や人と関わっていることが分かる。

思考・判断・表現　・地域の場所や住んだり働いたりしている人々について考える。

主体的な学習態度　・地域の人々に親しみや愛着をもち，適切に接したり安全に気を付けて生活したりしようとする。

主な活動	町の「お気に入り」紹介	町たんけん	町マップ作り	町たんけん発表会	町で遊ぼう
遊び原理					
探究学習					

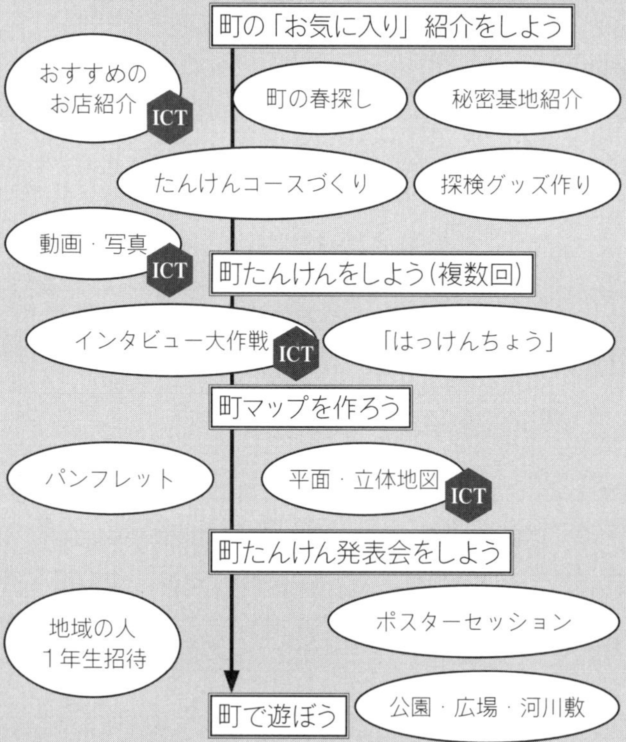

町の「お気に入り」紹介をしよう

- おすすめのお店紹介 ICT
- 町の春探し
- 秘密基地紹介
- たんけんコースづくり
- 探検グッズ作り
- 動画・写真 ICT

町たんけんをしよう（複数回）

- インタビュー大作戦 ICT
- 「はっけんちょう」

町マップを作ろう

- パンフレット
- 平面・立体地図 ICT

町たんけん発表会をしよう

- 地域の人 1年生招待
- ポスターセッション

町で遊ぼう

- 公園・広場・河川敷

教科等関連

図画工作
感じたことを絵で表す

道徳
気持ちのよいあいさつをする

国語
事柄の順序を整理して話す

道徳
公共の場所の使い方

ここが，ポイント！

入学後,生活範囲は飛躍的に拡大する。地域で出会う人々や触れ合う環境は,知的好奇心を掻き立てる。発見や感動を素直に表現し，交流する場を多く設定する。地域との活動を充実するため地域の方々と連携する。生活科の学習を起爆剤にして，児童が主体的に地域との良好な関係をつくるきっかけづくりをする。

○関連単元：こうえんであそぼう（主な内容❹⑤③⑧）

知識・技能　・公園はみんなで使う場所であり，お世話をしてくれる人がいることに気付く。

思考・判断・表現　・公園のよさを感じたり，公園の役割について考えたりする。

主体的な学習態度　・公園のルールを守り楽しく遊んだり，自然を大切にしようとする。

主な活動	公園で遊ぶ	公園を感じる	グリーンアドベンチャー	公園で出会う	公園の魅力大紹介
遊び原理					
探究学習					

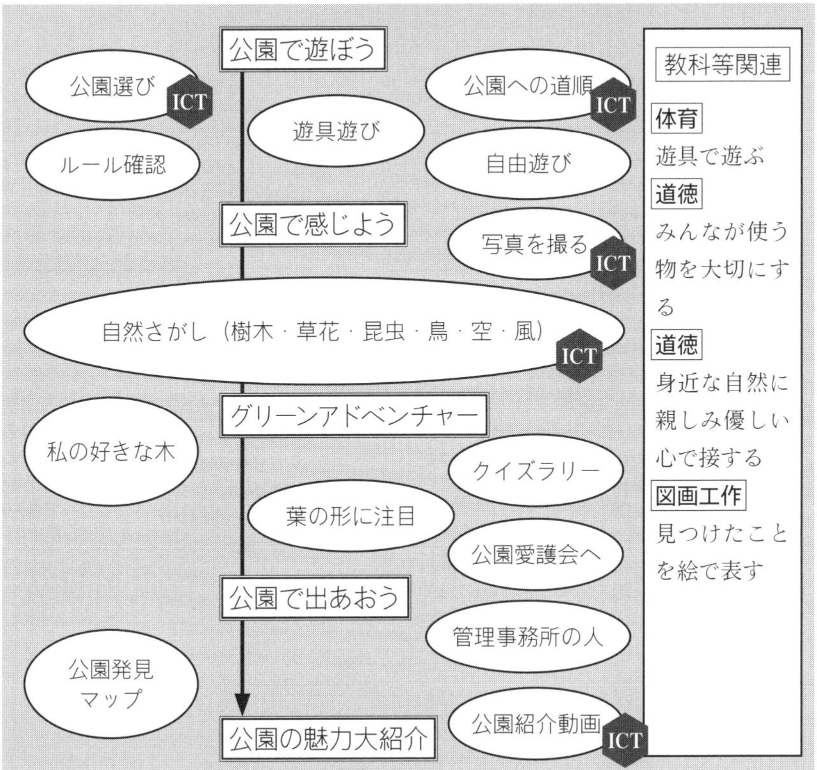

公園で遊ぼう
公園選び（ICT）
ルール確認
遊具遊び
公園への道順（ICT）
自由遊び

公園で感じよう
写真を撮る（ICT）
自然さがし（樹木・草花・昆虫・鳥・空・風）（ICT）

グリーンアドベンチャー
私の好きな木
葉の形に注目
クイズラリー
公園愛護会へ

公園で出あおう
管理事務所の人
公園発見マップ

公園の魅力大紹介
公園紹介動画（ICT）

教科等関連
体育
遊具で遊ぶ
道徳
みんなが使う物を大切にする
道徳
身近な自然に親しみ優しい心で接する
図画工作
見つけたことを絵で表す

ここが，ポイント！

幼児期から，近くの公園で遊んでいても公共物や公共施設の意味を見つめることは少ない。利用者の視点を基本としながら管理や運用に関わっている人々の思いや願いを共有する。利用にあたっては，事前に管理者などとの打ち合わせを入念にして，安全で正しく利用することを最優先した活動を構成したい。

○関連単元：ふゆをたのしもう（主な内容❺①②⑥⑧）

知識・技能　・冬の様子や，冬の遊びや生活について気付く。

思考・判断・表現　・寒さに備える冬の様子や特徴を見付ける。

主体的な学習態度　・冬の生活や遊びを取り入れて，生活を楽しくしようとする。

主な活動	公園の冬見つけ	家の冬じたく	おばあちゃんのお正月	お正月あそび大会	冬休みカレンダー作り
遊び原理					
探究学習					

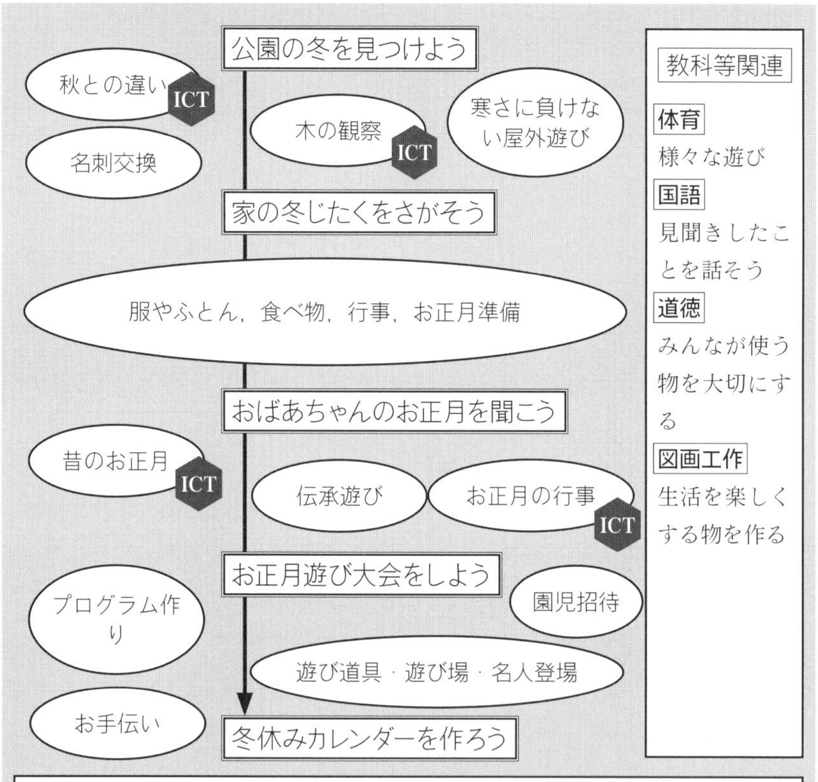

公園の冬を見つけよう
- 秋との違い ICT
- 名刺交換
- 木の観察 ICT
- 寒さに負けない屋外遊び

家の冬じたくをさがそう
- 服やふとん，食べ物，行事，お正月準備

おばあちゃんのお正月を聞こう
- 昔のお正月 ICT
- 伝承遊び
- お正月の行事 ICT

お正月遊び大会をしよう
- プログラム作り
- 園児招待
- 遊び道具・遊び場・名人登場
- お手伝い

冬休みカレンダーを作ろう

教科等関連

体育
様々な遊び

国語
見聞きしたことを話そう

道徳
みんなが使う物を大切にする

図画工作
生活を楽しくする物を作る

ここが，ポイント！

都市化の進行で，身近な自然が減少し季節感が薄らぎ，地域の自然の中で自由に遊ぶ児童の姿が少なくなっている。自然体験として，意図的な学習を通して四季の変化を味わう。また，伝承遊びや地域の行事に関わる機会も少なくなっているため，地域の人から話を聞いたり遊んだりする。さらに，児童たちが主催した季節に関わる行事を行い，生活を豊かにするきっかけとしたい。

○関連単元：おもちゃであそぼう（主な内容❻⑤⑧）

知識・技能	・自然の不思議さや遊びのおもしろさに気付く。
思考・判断・表現	・遊びや遊びに使う物を工夫して作ることができる。
主体的な学習態度	・友だちと楽しんで工夫した遊びを創り出そうとする。

主な活動	自然物を使った遊び	自然物のおもちゃ作り	身近な素材でおもちゃ作り	面白い遊びの創り出し	おもちゃ大会
遊び原理					
探究学習					

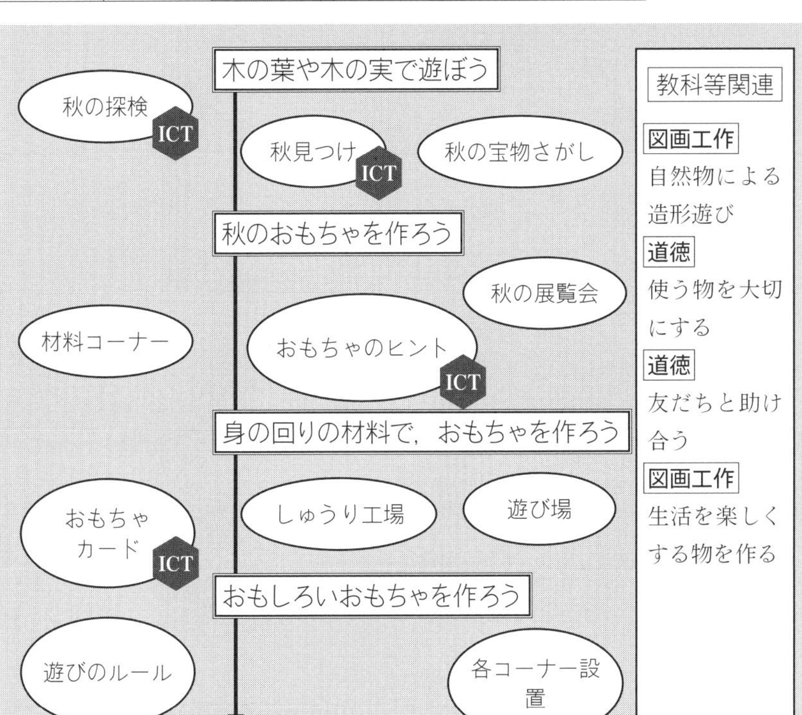

ここが，ポイント！

生活科の本質が随所に認められ，遊びは，児童自身が発明・発見することにその醍醐味がある。よって，自然物や身近な素材を十分に収集することが求められるが，そこには環境教育の視点が求められる。すなわち，限りある資源を有効に使うことから遊びの素材が限定的に選択できるようにする。また，遊びは，児童の日常生活に取り入れられることにより，さらに遊びが深化充実する。

○関連単元：はなやいきものとなかよし（主な内容❼①⑤⑧）

知識・技能	・動植物に生命があることや成長していることに気付く。
思考・判断・表現	・動植物が育つ場所や変化や成長の様子に関心をもち，自らの働きかけを考える。
主体的な学習態度	・動植物に親しみを持ち大切にしようとする。

主な活動	一人一鉢活動	学習圏での栽培	学校飼育動物の観察，世話	小動物の飼育	生き物ランド
遊び原理					
探究学習					

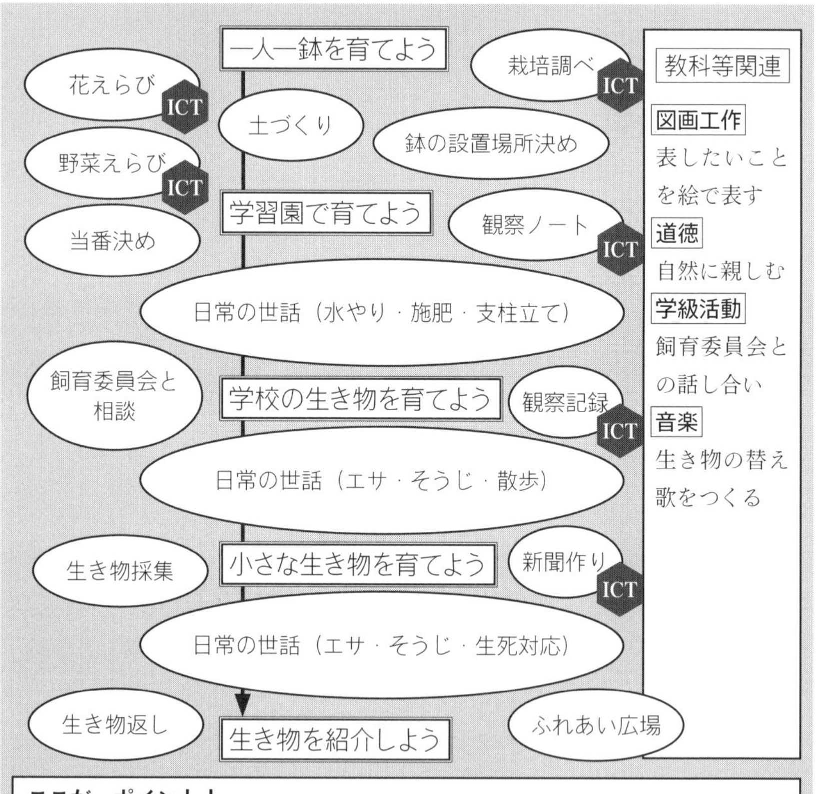

一人一鉢を育てよう
- 花えらび ICT
- 野菜えらび ICT
- 土づくり
- 栽培調べ ICT
- 鉢の設置場所決め

学習園で育てよう
- 当番決め
- 観察ノート ICT
- 日常の世話（水やり・施肥・支柱立て）

学校の生き物を育てよう
- 飼育委員会と相談
- 観察記録 ICT
- 日常の世話（エサ・そうじ・散歩）

小さな生き物を育てよう
- 生き物採集
- 新聞作り ICT
- 日常の世話（エサ・そうじ・生死対応）

生き物を紹介しよう
- 生き物返し
- ふれあい広場

教科等関連

図画工作
表したいことを絵で表す

道徳
自然に親しむ

学級活動
飼育委員会との話し合い

音楽
生き物の替え歌をつくる

ここが，ポイント！

植物の栽培は，生活科で最も思い出に残る活動である。一人一鉢の活動が容易で，毎日の水やりや観察を通した気付きから植物と自分との距離が縮まり愛着ができる。動物の継続飼育は難しい面もあるが学校の飼育小屋で育てているものを対象とする。自然から小動物を採取して学校で世話をする活動は，生息場所を再現した環境を再構成する難しさや季節の環境変化に対応することも必要である。

○関連単元：秋をたのしもう（主な内容❽⑤③）

知識・技能	・身近な人と関わることのよさや楽しさが分かる。
思考・判断・表現	・伝える内容を考え適切な方法で伝えることができる。
主体的な学習態度	・身近な人と進んでふれあい，交流しようとする。

主な活動	町の行事調べ	収穫祭の計画	収穫祭の準備	収穫祭	地域への発信
遊び原理					
探究学習					

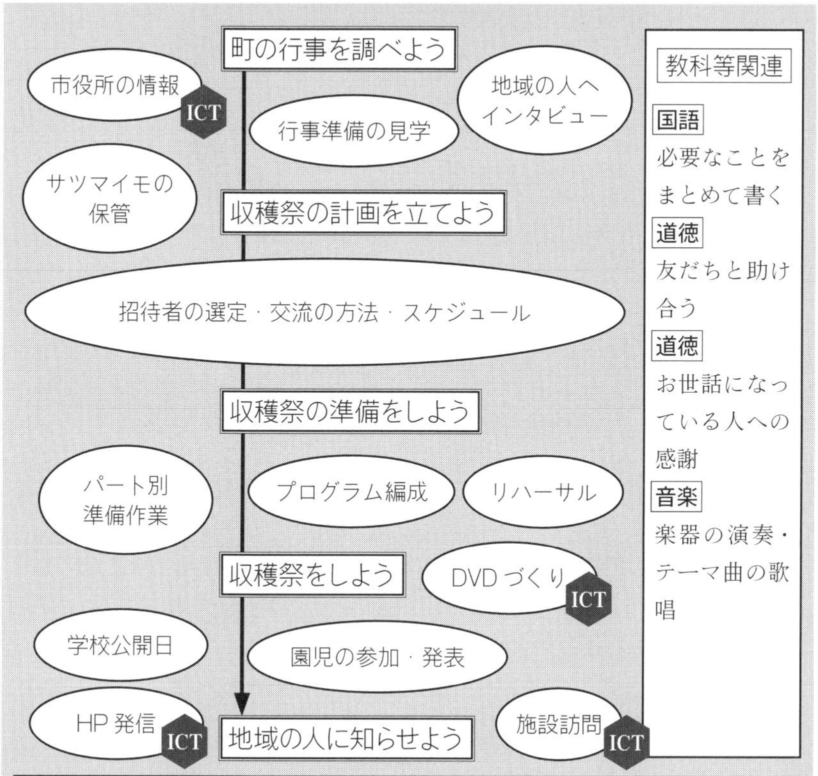

ここが，ポイント！

身近な人との関わりを重視する交流活動では，一方通行的な発表ではなく，相互の交流を目指した内容にする。実際の地域の行事を調べ自分たちが自力で進めるイベント活動にするため，行事の計画や準備に時間をかけて進める。当日の様子は映像や写真等にまとめ，地域の方々に広く発信できるようにしたい。

○関連単元：わたしの1ねん（主な内容❾①②⑧）

知識・技能	・学校生活で自分ができるようになったことや楽しかった出来事などが分かる。
思考・判断・表現	・自分のよさや周りの人の存在について考える。
主体的な学習態度	・楽しかった1年間を振り返り，これからも意欲的に生活しようとする。

主な活動	楽しかった1年生	がんばりじまん大会	「わたしの1年間」作り	園児さんの1日体験入学	2年生になった自分
遊び原理					
探究学習					

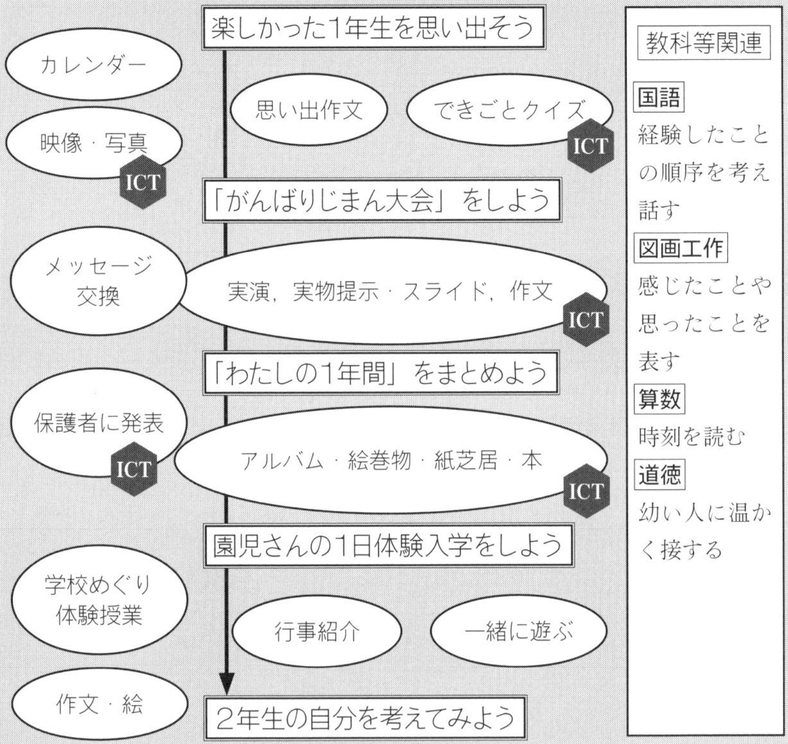

楽しかった1年生を思い出そう

カレンダー

映像・写真 ICT

思い出作文

できごとクイズ ICT

「がんばりじまん大会」をしよう

メッセージ交換

実演，実物提示・スライド，作文 ICT

「わたしの1年間」をまとめよう

保護者に発表 ICT

アルバム・絵巻物・紙芝居・本 ICT

園児さんの1日体験入学をしよう

学校めぐり体験授業

行事紹介

一緒に遊ぶ

作文・絵

2年生の自分を考えてみよう

教科等関連

国語
経験したことの順序を考え話す

図画工作
感じたことや思ったことを表す

算数
時刻を読む

道徳
幼い人に温かく接する

ここが，ポイント！

入学後の生活を見つめ成長を振り返り，実感することにより，周りの人の存在に気付く。さらに，一人一人の成果を披露したり，自分なりにまとめた作品を，園児を招いた体験入学会で披露したりすることにより，成長に対して一層の実感が湧くと考える。次学年の夢や希望を見据え，1年生活科のまとめとしたい。

3節 指導計画の作成

1. 指導計画作成上の配慮事項

(1) 主体的・対話的で深い学びの実現

主体的・対話的で深い学びは，必ずしも1単位時間の指導で実現するのではなく，実態に即してゆったりとした指導を進める。特に，「深い学び」のポイントは，「見方・考え方」を習得・活用・探究の学びの過程で働かせ，学びの質を高めることである。そのため，表現活動を工夫し，体験活動と表現活動が往還する相互作用を重視する必要がある。

児童自身が，地域の一員として，よりよい生活者になることを目指して地域の人々，社会及び自然などを捉えていく。さらに，安全・安心に留意しながら，校外での活動を積極的に取り入れる。とりわけ，実際にその場へ行き，環境や情況を感じ取り人々や事物と触れ合う体験を組む。

(2) 発達段階や特性を踏まえた2学年を見通した学習活動の設定

入学期と第2学年後期とは，情緒的側面や認知的側面で大きな違いがある。そのため，指導時期の特性に見合った計画を立て，単元を配列する必要がある。さらに，カリキュラム・マネジメントの視点から，単元相互の関係を意識し配列する。

(3) 2年間継続する動植物の飼育・栽培

自然に関わる機会の減少や，生命の尊さを実感する体験が少ない実態を踏まえ，2年間を通じた飼育と栽培の継続活動を行う。長期にわたる飼育活動を通して，季節の変化に適応する様子や成長過程に気付く。また，生と死に出会うなど，生命の尊さや連続について学べるようにする。

(4) 他教科等との関連及び中学年以降の教育との円滑な接続

低学年の全ての教科・領域と生活科との関連を図り，指導の効果を高めることが大切である。その際，各教科等のねらいを効果的に実現させる合科的な指導により，単元又は時間の中で生活科の目標や内容と他教科等の目標や内容を組み合わせて学習活動を展開する。

教科等を別々に指導する際には，生活科と他教科等との関連を検討して指導時期や方法を関連付ける関連的な指導を進めるため，学年全ての教科等を一覧にした配列表を作成して，全体を俯瞰する。生活科において思いや願いを発揮して体験的な学習を進め，中学年以降の学びを支える資質・能力に結びつける。

(5)　幼児教育との連携・接続

「幼児期の終わりまでに育ってほしい姿」との関連を考慮し，スタートカリキュラムに基づく生活科を中心とした合科的・関連的な指導や，弾力的な時間割の設定などの工夫を通して，幼児期における遊びを通した総合的な学びから他教科等における学習に円滑に移行させる。特に，カリキュラム・マネジメントに基づき，学校全体でスタートカリキュラムを作成し，幼稚園・認定子ども園・保育所等との連携を図る。

(6)　障害のある児童などに対応する指導内容や指導方法の工夫

一人一人の障害に配慮できる学習環境や指導法を工夫し，使用する教材についてもユニバーサルデザインに基づき個別の配慮を行う。生活科の特質を生かして，個別の指導計画と連携付け，得意なことを生かし，自己肯定感を醸成する。

(7)　道徳教育の目標，道徳科などとの関連

道徳教育と密接に結びつけ，生活科で扱った内容や教材を道徳科に活用し，道徳科で取り上げた内容や教材を生活科で扱うなど，指導の成果を相互の学習の場面で生かし，生活科が目指す基本的な生活習慣や生活技能の醸成ができることが大切である。

2. 年間指導計画の作成

(1)　児童一人一人の実態に配慮すること

低学年は，個別の学習活動から協働的な学習活動ができるようになる過渡期である。そのため，体験を通して互いの思いや願いを尊重しつつ活動の方向性を決め，活動を創り出すし，社会性や人間性を高め，一人

一人に即して，個別性と協働性の両面において達成できる観点を明確にし，個に応じた指導を基本に関わりを行う。

幼稚園・認定子ども園・保育所等と連携していくことが大切であり，指導要録等を用いた直接の引継ぎや，実際の訪問で保育を参観すること等を通して保育者との交流を深め，実践の内容や指導方法の相互理解に努める。とりわけ，発達障害のある児童や特別に配慮を要する児童の実態把握に努め，関係教職員や保護者と連携して活動場面の事前予告や見通しを持った活動提示により，活動意欲や自己肯定感を醸成する。

(2)　児童の生活圏である地域の環境を生かすこと

地域（学校区）は，児童の生活圏であり学習の場である。教員としては，フィールドワークを行い，環境をリサーチし，地域の豊かな自然や文化的・社会的な素材を教材化し，地域住民の学校教育に対する意見や願いに耳を傾ける。教材として必要な生活科マップや人材マップ，生活科暦に情報を整理して，学習の場で有効に活用する。さらに，年度末の引継ぎやリニューアルも不可欠である。

また，地域の伝統行事やイベント等と関連付けた学習も考える。地域の特色を見つめる活動としては貴重な体験であるが，特定の宗教や宗派のための教育にならないように配慮する。

(3)　各教科等との関わりを見通すこと

各教科等で身に付けた知識や技能を，生活科の具体的な活動や体験の中で活用する。特に，表現活動については，国語科・音楽科・図画工作科等の表現に関わる学習と関連付け，気付きの質的高まりが期待できる。

(4)　幼児期の教育や中学年以降の学習との関わりを見通すこと

幼児期からの学びと育ちを生かす教育を実現するため，遊びと同様に自ら考え，判断し行動することを繰り返し，自立への基礎を養う。スタートカリキュラムだけでなく，2 年間の連携を継続する。

自分との関わりで身近な人々や社会，自然の事物や現象に直接触れ親しみをもち気付きを高める学習は，社会科や理科等の学習内容に関連する。また，身近な環境を一体的に学ぶことや自分自身の生活について考えること，体験的な活動で自らの思いや願いを実現していく学習は，総合的な学習の時間における探究的な活動や見方・考え方に連続させる。

(5) 学校内外の教育資源の活用を図ること

学校の全域，全ての事物が学習対象であるため，校内での活動を円滑に進めるためには，全教職員の協力体制が必要である。また，第1学年の学習履歴を作成して第2学年の担任に引き継ぎ，活動の深まりが期待できる指導計画を作成し展開していく。

保護者や地域の人々，公共施設や関係機関の人々の協力を求めるため，生活科の趣旨を丁寧に伝え，心に残る地域学習を設定する。また，幼児との交流活動を推進するため，近隣の幼児教育施設との協力体制を構築する。幼児との交流は，互恵的，継続的，計画的に行えるように，相互の指導方針を確認し，事前事後の打ち合わせや意見交換を大切にする。

(6) 活動や体験に合わせて授業時数を適切に割り振ること

2学年間を見通した計画で内容の配列を工夫し，単元を構成する。動物の飼育と植物の栽培を2年間で継続的に行うため，時数の割り振りや配慮を行う。さらに，活動に応じて，弾力的に指導計画が修正できるよう代案を用意しておく。

参考文献

・文部科学省（2018）『小学校学習指導要領解説　生活編』東洋館出版社

4節 単元計画の作成

(1) 内容の組み合わせと単元の構想

生活科の単元は，複数の内容を組み合わせて構成することを基本とし，児童の目線に寄り添った豊かな単元を構想する。また，自然や社会を一体的に認識する低学年の児童の特徴を理解しなければならない。

さらに，学習活動の関連性や連続性，発展性を生み，思いや願いが連続して思考が深められ気付きの質が高まり，学びに向かう力を育成する。なお，各内容の資質・能力の一部が単元から欠落しないように留意する。

単元の構想と単元計画の作成は，図 7-2 の流れで行っていく。

発想	・児童の興味・関心を把握する。 ・児童の姿を想定して，それらの可能性を見出す。 ・選定された学習対象や学習材によって具体的な学習活動を想定する。
構想	・児童の活動を中心とした単元（経験に基づく単元）と教師の願いを中心とした単元（教材に基づく単元）のバランスを考える。 ・単元の特性に応じて，両者の比重を考えて構想する。
計画	・様々な学習活動を問題解決の流れと児童の意識の流れに沿った展開として順序立て，関連付けて整理する。 ・体験的な学習が，「まとまり」として単元化されているかどうかを確認する。 ・体験活動の質的高まりのため，表現活動を適切に位置づける。

図 7-2 単元の構想と単元計画

(2) 生活科の学習過程

学習過程は，図 7-3 の①～④が順序よく繰り返されるものではなく，順序が入れ替わったり一つの活動の中に複数の過程が一体化して同時に行われたりする場合があることを考慮しなければならない。また，問題解決的な過程であるため，必ずしも 1 時間あるいは単元に当てはまるものではない点にも留意する。

生活科の学習は，日常生活の中にも広げながら，何度も繰り返され，気付きの質を高め，一人一人の深い学びを生成していく。

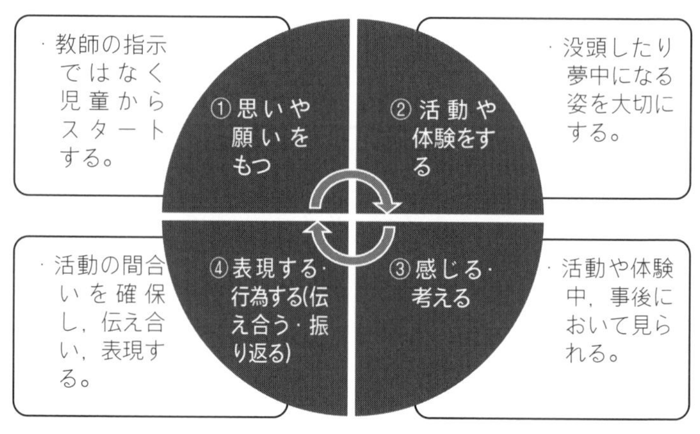

図 7-3　生活科の学習過程

(3)　低学年特有の発達・成長への配慮

空間的な認識は平面的な広がりをもちにくいため，学習を通して行動範囲を広げて認識を広げる。また，独自の時間感覚があり単一の時間軸で振り返ることは難しい。継続して関わったり，自分の成長を振り返ったりする活動を通して共通の時間軸を形成し時間感覚を豊かにする。

生活に必要な技能の習熟は個人差があるため，安全に習熟できるように児童の実態を把握して，個に応じた指導を丁寧に行う。特に，入学当初は，幼児期の生活に近い活動と児童期の学び方を織り交ぜてスタートカリキュラムを作成し，自己を発揮し，学校生活に慣れる場面をつくる。

(4)　学習評価の在り方

評価は，結果より活動や体験の過程を重視する。学習過程において資質・能力を評価し，指導と評価を一体化させるため，評価計画に基づき児童の姿で評価規準表を作成する。また，信頼性の高い評価のため，気付きの質的な高まりを捉える。そのため，自己評価や相互評価等，様々な評価方法で多面的に評価する。さらに，単元全体を通しての変容や成長の様子を捉え，生活科の時間外での児童の姿の変容も重視する。

参考文献

・文部科学省（2018）『小学校学習指導要領解説　生活編』東洋館出版社

学習指導の進め方

(1) 主体的・対話的で深い学びの実現

生活科の学習指導では，これまで重視されてきた児童の思いや願いを実現する体験活動を充実させ，表現活動を工夫して体験活動と表現活動の往還を進めていく。さらに，主体的・対話的で深い学びの実現に向けて，気付きの質を高めるために以下の学びを進めていく。

主体的な学び	・学習対象と直接関わる活動を通して興味・関心を喚起し自発的な取組を促す。 ・表現し，伝え合う活動を充実することで自分自身の成長や変容を考えよさや可能性に気付く。
対話的な学び	・身の回りの様々な人々と関わり，伝え合う。 ・一人一人の発見が共有され，そこから新たな気付きが生まれたり関係が明らかになったりする。 ・双方向性の活動で，感じ，考え，気付くことができる。
深い学び	・自分との関わりで対象を捉えること，新たな気付きや関係的な気付きを獲得することである。 ・みずみずしい感性で，感じ取ったことを自分自身の実感の伴った言葉にして表したり，様々な事象と関連付けて捉える。

(2) 試行錯誤や繰り返す活動を設定する

自然事象と繰り返し関わり試行錯誤を行うことは，気付きの質を高め，事象を注意深く見つめたり予想を確かめたりするなどの理科の見方・考え方の基礎を養うことにもつながる。また，新奇性のある活動や体験でも，次第に因果関係をつかみ予測できるようになる。

教師は，条件を変えて試したり，再試行したり繰り返したり確かめたりする学習活動を用意する。そのため，学習環境の構成や活動の多様性などを心掛け，活動や体験で得た情報がそれぞれの学習を進める見通しに役立つという自信や自覚ができるようにする。

(3) 伝え合い交流する場を工夫する

一人一人の気付きを全員で共有し，みんなで高めることにより気付きを質的に高めるための手立てである。伝え合う活動では，伝えたい気持ちが高まるとともに，相手の反応から伝えるために不足する点にも気付き，次の活動が明確になることもある。このように，伝えたいことを持ち寄って交流することにより相手意識や目的意識などが高まる。

(4) 振り返り表現する機会を設ける

自分の活動を振り返ることにより，これまで無自覚だった気付きが児童自身の中で明確になったり，それぞれの気付きを共有し関連付けたりすることが可能になる。そのため，自発的に気付きを伝え，工夫し協力したことが称賛しあえる教室全体の情況が生まれることが必要である。

また，気付いたことを基に考え，気付きの質を高めるために，「見付ける，比べる，たとえる，試す，見通す，工夫する」などの多様な学習活動を工夫する。気付きを伝え合う中で，教師がそれぞれの気付きを認め，共通の視点に気付かせたり，ストーリーをつないだりすることで児童のイメージは広がっていくと考えられる。

(5) 児童の多様性を生かし，学びをより豊かにする

思いや願いに寄り添う教師の関わりは，特に重要である。また，学習活動に多様な広がりを生みだすため，相互の関わりを促す。

自立し生活を豊かにするための資質・能力は，児童の日常生活の中で生かされ，一層強化される。生活科の学習を日常生活でも適用することが，日々の生活を楽しみにし，明日を心待ちにしながら過ごし，自分の世界を広げていく。教師は，児童が生活を豊かにし，自覚的に活動を進める姿を見守り支えながら，意欲と自信をもって生活しようとする児童の姿に寄り添い，共感し，共に動き，小さな変化に目を止める。つまり，教師自身が児童にとって豊かさを感じられる環境の一部となる。

参考文献

・文部科学省（2018）『小学校学習指導要領解説　生活編』東洋館出版社

第8章 〈原点8〉

教員養成課程での実践

教員養成課程に学ぶ学生には，生活科の新たな研究をリードし児童の心に響く実践を進めてほしい。生活科体験を探り，体験的な授業を進め，実践的指導力の向上を図る。

生活科のイメージ
―自由記述文の分析を通して―

1. はじめに

生活科の創設期に小学生であった「生活科世代」は，既に成人を迎え，現代の日本を支え社会で活躍している。小学校教員を目指す大学生へ生活科指導の実際についてのアンケートを実施した西田(2007)は，「生活科履修前の1年次，2年次(18歳，19歳)の学生に不意に小学校で学んだ教科を全部挙げるように求めると，かなりの割合で生活科が欠落する[1]」と述べ，生活科の存在が薄らいでいる現実に対する危惧を示している。

そこで，生活科の記憶を呼び起こし，どのような具体的な活動や体験が学生の限られた記憶に残っているのかを明らかにし，生活科の位置付けを再考するのが本節の課題である。森(1991)は，生活科は「無意識的予習[2]」であり，その時は自覚化されなくても子どもにとっては貴重な体験になっていると，生活科の特質に言及した。

そこで，安定期に入った生活科を学んだ「生活科世代」である大学生に対し，自由な視点で生活科を記述してもらった結果を基に内容を検討する。つまり，学生一人一人が自分自身の生活科の体験から語る内容を生活科のイメージとして掘り起こし，生活科に対しての思いを自由記述することを通して，顕在化された生活科の記憶の一端を明らかにする。

2. 調査の概要

(1) 調査対象者と調査内容・分析方法

データは，教職科目である「生活科概説」の初回の冒頭に，本学教育学科生(2回生132名・3回生1名・4回生4名・合計137名)に対して実施した記名式ワークシート（研究活用については書面にて承諾済み）から，下記の2問を抽出したものである。

（設問 1）生活科について，素直に思うことを書いてください。

（自由記述式）→ 20 字× 10 行のマス目に記入する。

（設問 2）小学生の頃の生活科の思い出はありますか。（択一式）

→「ある」「どちらかというとある」「どちらかというとない」「ない」「わからない」のうち一つを選択。

(2) 自由記述データ分析の手順

自由記述データの分析は，樋口 (2004) が示した計量テキスト分析[3]に依った。計量テキスト分析とは，数値の形になっていない新聞記事やアンケート自由記述，インタビューにおけるトランスクリプトなどの質的データを取り扱い，質的データに数値的操作を加え，計量的に分析する手法である。例えば，アンケートの自由記述であれば，それを分析者が詳細に読み込むことにより，概略や特徴の一部はとらえることができるが，その結果を第三者に対して客観化された形で分かりやすく提示することは難しいと考えられる。しかし，計量テキスト分析では，データにおいてどの部分が重要であるかの手がかりを与えることが可能になる。

分析ソフトは，樋口 (2004) による KH Coder[4] を使用した。KH Coder は，計量テキスト分析を行うために開発されたフリー・ソフトウェアである。フリーとは「自由なソフトウェア」という意味で，処理内容を変更したり機能を追加したりすることが自由にできる。また，無料でダウンロードができ，使用に際しては，詳細な KH Coder 2. x リファレンス・マニュアル[5]やチュートリアルも完備されている。

本研究で用いた分析手順は，次の①～⑨の通りである。

① 分析対象のテキストファイルを作成する。

今回は，ワードパット形式で作成し，適用する。なお，データの入力に際して，次のクリーニング作業を行った。

・誤字，脱字については，文意を損なわないように正しく修正する。

・ひらがな表記の語は，できるだけ漢字に変換する。

・動植物名は，カタカナで記述する。なお，総称については漢字を使用する。

② テキストファイルを新規作成「プロジェクト」として，KH Coder に登録する。

③ データの前処理を行う。

前処理とは，データ全体の中から自動的に語を抽出しその結果をデータベースに格納することであり，前処理が完了することで分析することが可能になる。

抽出語は，名詞，形容詞，動詞など多種にわたって用意されているため，分析の目的に従って任意に選択する。また，重要な語であるにもかかわらずに，抽出されなかったり分割されてしまったりする可能性があるため，「強制抽出する語」（タグ語）を指定する。例えば，今回のデータでは，頻出する「生活科」が「生活」と「科」に分割されることを避けるため，「強制抽出する語」とする。

④ 抽出語の種類と頻度を確認する。

まず，「抽出 150 語リスト」を作成する。表 1 は，出現数の多い語から順に 150 語を並べたものである。この集計では，品詞の中で一般的な語が多く含まれるものを除外して作成した。具体的に除外した品詞は未知語，感動詞，名詞 B（ひらがな），形容詞 B（ひらがな）等である。

⑤ 「出現回数×文書数のプロット」等を確認する。

⑥ 「関連語検索」を行う。

「関連語検索」においては，特定の語と強く関連しているのはどんな語かということを明らかにする。この検索は，条件的確率の計算によって推測される。つまり，特定の語を含む文書が検索され，その文書の中に特に高い確率で出現する語がリストアップされる。

⑦ 共起ネットワークを描く。

共起ネットワークとは，同文に互いの語が出現する共起に基づいて描かれたもので，語同士の検索の条件とした語を中心に，関連が特に強い語を結んだ図である。

⑧ 「KWIC コンコーダンス」を表示する。

抽出した語が，分析対象ファイル内においてどのように用いられているかを個別に表示し，文脈を探る。「KWIC」とは，Key Words in Context である。データ中に改行があった場合は「(↓)」と表示する。

⑨　対応分析を行う。

抽出語を用いて対応分析を行い２次元の散布図に表示し，出現パターンの似通った語にはどんなものがあるかを探る。また，頻出語のクラスター分析を行い，出現パターンの似通った語を調べる。

3. 結果

(1)　自由記述の結果

①　抽出語の種類と頻度

アンケート人数 137 人の総文書数は，478 であった。また，「総抽出語数」(分析対象ファイルに含まれる全ての語の延べ数）は，13,003 語であり，分析対象数は 3,701 語であった。その中で何種類の語が含まれていたかを示す「異なり語数」は，述べ数で 1,160 語，分析対象数で 804 語であった。なお，助詞や助動詞のようなどのような文にも含まれる一般的な語は対象から外した。また，前処理に際して複合語の検出を行った。その結果,「生活科」(頻度 181)「低学年」(頻度 23)「具体的」(頻度 15)「子供達」(頻度 10)「自分達」(頻度 10) の 5 語については，強制抽出を行う語（タグ）とした。

前処理では，品詞の中で一般的な語が多く含まれるものを除外して作成した。具体的に除外した品詞は，未知語，感動詞，名詞Ｂ（ひらがな)，形容詞Ｂ（ひらがな)，動詞Ｂ，副詞Ｂ，否定助動詞，形容詞（非自立)，その他である。従って，分析に使用した語は，以下の品詞である。

○分析対象の品詞

名詞・サ変名詞・形容動詞・固有名詞・組織名・人名・地名・ナイ形容・副詞可能・タグ・動詞・形容詞・副詞・名詞Ｃ・ＨＴＭＬタグ

その結果，「総抽出語数」の分析対象数は3586語，「異なり語数」の分析対象数は，772語に絞られた。

まず，「抽出150語リスト」を作成した。表8-1は，出現数の多い語から順に150語の表である。文書数（段落）は，データ入力に際して個人の記述ごとに改行を行ったため，記述者数を示している。例えば，「生活科」という語は137名中106名が記載文全体において1回以上使用したということになる。

表8-1　抽出150語リスト　※網かけは，「注目語」を示す

抽出語	文書	抽出語	文書	抽出語	文書	抽出語	文書	抽出語	文書	抽出語	文書
思う	114	受ける	23	違う	12	学べる	8	書く	6	発見	5
生活科	106	出る	22	色々	12	国語	8	小学	6	発表	5
授業	98	内容	22	生き物	12	少し	8	心	6	班	5
小学校	62	探検	21	多い	12	触れ合う	8	生きる	6	普段	5
生活	54	作る	20	体験	12	人	8	知識	6	友達	5
学ぶ	50	今	19	アサガオ	11	成長	8	日常	6	あと	4
覚える	43	思い出す	19	活動	11	特に	8	比べる	6	ゲーム	4
記憶	37	分かる	19	見る	11	必要	8	変わる	6	スーパー	4
楽しい	33	考える	18	行う	11	グループ	7	遊び	6	ドングリ	4
社会	33	聞く	18	子供達	11	強い	7	たくさん	5	意味	4
低学年	33	勉強	18	身	11	教科書	7	クラス	5	一つ	4
小学生	32	思い出	17	正直	11	近く	7	一緒	5	過程	4
地域	32	他	17	町	11	経験	7	関わる	5	概説	4
イメージ	29	知る	17	持つ	10	講義	7	季節	5	学年	4
学校	29	花	15	周り	10	算数	7	校外	5	楽しむ	4
理科	29	具体的	15	一番	9	自分達	7	高学年	5	機会	4
育てる	28	大切	15	覚え	9	住む	7	山	5	貴重	4
印象	28	調べる	15	感じ	9	触れる	7	主	5	教師	4
教科	28	科目	14	感じる	9	昔	7	場所	5	見つける	4
行く	26	教える	14	興味	9	虫	7	身近	5	交流	4
自分	26	好き	14	使う	9	難しい	7	人間	5	考え	4
観察	25	残る	14	子供	9	見学	6	水	5	児童	4
自然	25	実際	14	先生	9	言う	6	道徳	5	自身	4
植物	25	外	13	前	9	思い出せる	6	読む	5	写真	4
学習	24	時間	13	野菜	9	出来る	6	畑	5	種	4

全般的に見ると，頻出語の頻度は回答人数に比して少ない。生活科については，全体的なイメージは思い起こせるものの，具体的な活動が思

い出せない学生が相当数いることが分かった。一方，生活科のイメージや学習内容を特徴づける語（網かけで表示，以下「注目語」と記載）は，多種にわたって記述されており，活動の詳細にまで踏み込んでの記述もあった。生活科の学習では多種多様な展開が行われており，その情況を記憶から引き出せる学生がいたことが見出せた。

② 関連語検索

特定の語と強く関連している語を検索するのが，関連語検索である。表中の「全体」とは，分析対象ファイル内でその語がいくつの文書に出現したかという度数で，カッコ内は文書中に出現する確率（前提確率）である。また，「共起」は，指定した条件にあてはまる文書において出現した度数で，カッコ内は同様に確率（前提確率）である。

Jaccard係数は，語が共起しているかどうかを重視する係数であり，1つの文書の中に語が1回出現した場合も10回出現した場合も単に「出現あり」と見なして，語と語の共起をカウントしているのである。よって，表中の順位は，Jaccard係数（0.2以上）で，より関連の強い語を特定した。

表8-2「楽しい」の関連語検索

順位	抽出語	品　詞	全　体	共　起	Jaccard係数
1	小学生	名詞	32（0.234）	13（0.394）	0.2500
2	生活科	タグ	106（0.774）	27（0.818）	0.2411
3	学校	名詞	29（0.212）	12（0.364）	0.2400
4	授業	サ変名詞	98（0.715）	24（0.727）	0.2243
5	行く	動詞	26（0.190）	10（0.303）	0.2041

③ 共起ネットワーク

次に，生活科のイメージを象徴する語と考えられる形容詞である「楽しい」の関連語による共起ネットワークを描いた。図8-1では，検索の条件とした「楽しい」の語を二重の正方形で示し，関連が強い語を線で結んだ。その結果，「楽しい」の周辺には「生活科」「授業」「行く」「小学生」などが線（共起関係あり）で結ばれ配置され，続いて栽培活動や探検活動に関する語が関連付けられた。さらに，関連をたどっていくと，生活科の特色である多様な体験や活動の内容や場とつながることが確認できた。

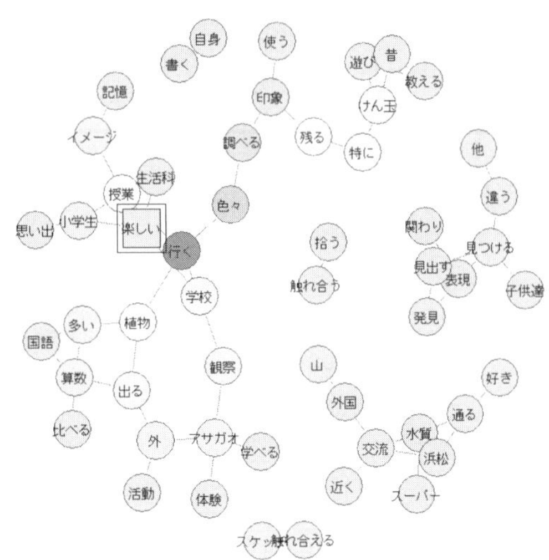

図 8-１ 「楽しい」と関連が強い語の共起ネットワーク

④ KWIC コンコーダンス

表 8-3 では，学生自身が小学生の時の生活科の体験を踏まえ，「楽しい」を記述した文書について，「楽しい」の左右 10 語を抽出した。KWIC コンコーダンスで示した 36 例中 31 例を占めたのは，具体的に行った活動を想起し生活科学習を好印象づけた記述であり，他の教科や活動と比べて生活科のイメージを示した文もあった。

表 8-4 KWIC コンコーダンス「遊び」

No.	L（左側の10語）	C（抽出語）	R（右側の10語）
1	）に教えてもらいながらというか、	遊び	ながら探検しました。私が2年生
2	やおばあちゃんにメンコやおはじきなど昔の	遊ぶ	を教えてもらうという授業もありました
3	覚えていないですが楽し，くみんなで	遊び	ながら授業を受けていたように思い
4	たちと自分たちで作ったおもちゃやゲームで	遊ん	で交流したような楽しい思い出があり
5	の近くの山に行き自然の中で	遊ん	だ事を覚えています。今は
6	記憶がありません。草花や自然で	遊ん	だり，ふれたりするのが生活科かなと

表 8-4 は，生活科固有で，幼児教育との接続を考慮して設定された活動内容である「遊び」についての検索結果である。生活科は，これまで，「自由遊び」を学習と認めた教科であるため，学生の振り返りのなかで「遊び」や「遊ぶ」語について多くの記述が寄せられるのではないかと期待したが，抽出数は意外と少ない結果に終わった。記述文は少ないが，遊びそのものを生活科の学習で行った経験と，No.1 やNo.3 の「遊びな

表8-3 KWICコンコーダンス「楽しい」

No.	L(左側の10語)	C(抽出語)	R(右側の10語)
1	な活動や体験などからも子供達自身が	楽し	さを見つけ，新たな発見をし，
2	と思うが，虫が苦手なのであまり	楽しい	科目ではなかったと思う。(↓)植物の
3	ただ，他の主教科とは違い，	楽しかっ	たイメージがあるので，これから学んでいく
4	あるので，これから学んでいく中で，	楽し	さなどを見つけ，子供達にも何か
5	いうよりは，他の授業と比べて	楽しかっ	た気がします。(↓)生活科と聞いて
6	ありました。当時の私にとって生活科は	楽しい	という感情が一番だったと思います。
7	，あまりよく覚えていないですが，	楽しく	皆で遊びながら授業を受けていた
8	やゲームで遊んで交流したような	楽しい	思い出があります。(↓)私が通ってい
9	が強かった。学校外で行うので	楽しかっ	た。(↓)生活科は，小学校の低学年の時
10	染物など自分自身が実際に行動した	楽しい	授業のイメージがあります。(↓)生活科の授業
11	，色々な大人の人と話せてとても	楽しかっ	た思い出があります。(↓)小学校の経験を
12	教科で，植物を育てたり観察したり	楽しい	思い出が多いけど，算数や国語に比べる
13	がまだあまりない低学年が，体験的に	楽しく	学べて，次のステップへと進みやすい
14	でお店を回るのがすごく新鮮で	楽しかっ	た思い出がある。算数や国語などの
15	で，見学や散策などもあり，とても	楽しく	て好きだなと思っていました
16	は体を動かすことができたので，	楽しい	という印象でした。生活科の授業が大切
17	的に地域の人々との関わりをもてる	楽しい	授業といった感じです。(↓)生活科は社会や理科
18	には出来ない体験ができたので，	楽しく	活動していたように思います。
19	ことを発見し，理解することがとても	楽しかっ	た印象があります。また，学習し
20	たいです。(↓)活動が主になる授業で	楽しかっ	たと思います。地域の色々な所
21	は身近にあるものと触れあったりしながら	楽しく	自然のことを学んだり慣れたりするもの
22	詳しく覚えてないけど，生活科の授業は	楽しかっ	たし，好きだった記憶があります
23	それぞれのアルバムを作りました。思い出すと	楽しい	授業だったので，生活科に対しては意欲的
24	出たりして活動することが多くて	楽しかっ	た記憶があります。(↓)私が記憶に
25	て，いもパーティーをしたことがとても	楽しく	て美味しかったです。生活科は調べてき
26	思います。他にも生活科の授業で	楽しかっ	たことはあったと思いますが，
27	知識なども一緒に教えてもらえて，	楽しかっ	た思い出しかありません。生活科バッグに
28	思う。校舎から出られる授業だったから	楽しかっ	た。(↓)生活科の受けた授業を思い出して
29	。校外学習などでスケッチしたりして	楽しかっ	たと思います。(↓)この講義で，子供達
30	にどのように生活科の授業をしたら	楽しく	学んでもらえるかを勉強していきたい
31	ことはないが，国語や社会よりも	楽し	そうだし，学びたいと思う。(↓)私
32	て外に出たりして刺激的で	楽しかっ	たと思います。(↓)生活科の授業で何
33	たり，花などをスケッチしたりして	楽しかっ	た記憶があります。私は，保育
34	というイメージがある。(↓)生活科と聞くと，	楽しい	イメージがあります。何をしたの
35	たり，牛乳パックで紙をつくったり，とても	楽しかっ	た記憶があります。実際にどんなこと
36	も全然ないけど私は生活科の授業は	楽しく	，自然と触れ合えるというイメージが強いです。

がら」という表現にあるような遊びの心的情況である遊戯性に関わる表現が見られた。

⑤　対応分析

抽出語を用いて対応分析を行い，２次元の散布図に表した。なお，抽出語の最小出現数と最小文書数は20に設定し，文書数による語の取捨選択での最小文書数は１とした。図8-2では，出現パターンの似通った語は近くに位置している。原点の近くにある「生活科」の近くには様々な語が位置しているが，「自分」と近い位置関係にあるのが注目される。それは，生活科の究極の目標が自立への基礎を養うことであり，「自分」との関わりで活動し，自分を見つめ振り返る場面が不可欠の要素であるからと考える。また，「探検」は離れているが「印象」や「思い出す」が配置され，生活科における「探検」は，思い出に残る活動であったことが窺える。

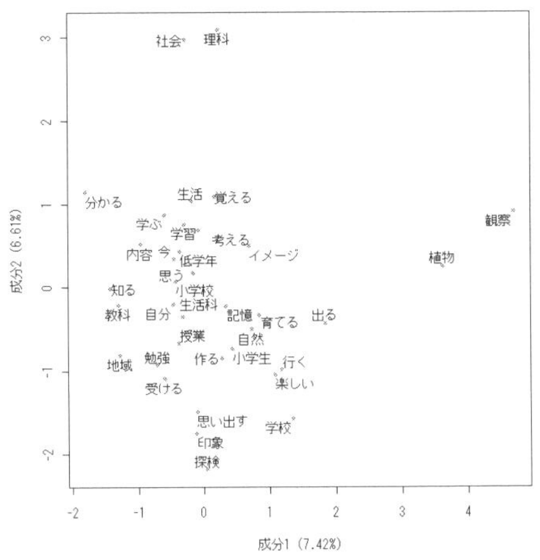

図8-2　対応分析

図8-3は，階層的クラスター分析によるデンドログラム（樹形図）である。図8-2と同じく最小出現数を20に設定した。

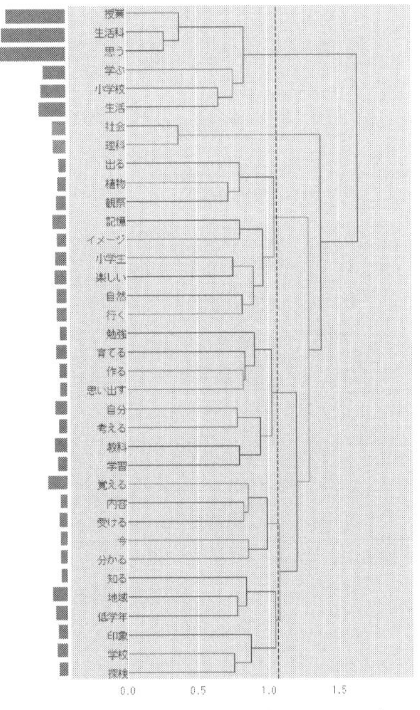

図8-3　階層的クラスター分析によるデンドログラム

左側の帯は出現回数を表している。このデンドログラムでは，左側で縦につながっているほど出現パターンが似通っていると判断される。対応分析では，それぞれ離れていた「観察」「植物」は，出現パターンが近いことが再確認された。さらに，「自分」と「考える」，「地域」と「知る」など，生活科の特徴的な学習が関係付けられた。また，「理科」「社会」は，出現パターンは近いが他の抽出語と離れた存在であった。

(2)　択一式の回答結果

生活科の思い出の有無については，「ある」「どちらかというとある」を合わせると，半数は越えるが，「わからない」が実数で10人にのぼり，生活科の記憶を明確に振り返ることができる学生が一定数いた。

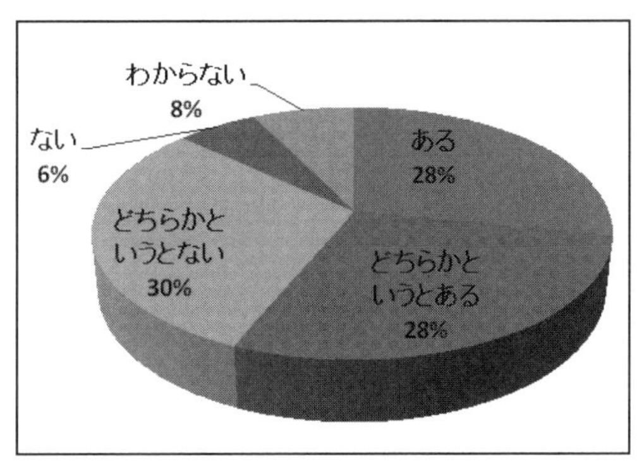

図8-4　生活科の思い出

4. 考察

(1)　生活科の具体的な活動や体験との関連

全体のデータから得られた抽出150語は，前述の表8-1に示した通りであるが，ここでは，これらの語と生活科における中心的な活動との関連を検討する。表8-5には，学習指導要領解説において，生活科における具体的な活動や体験と例示される「見る」「聞く」「触れる」「作る」「探す」「育てる」「遊ぶ」等の直接働きかける学習活動及び表現活動と，抽出150語を関連付けた。

表8-5　具体的な活動や体験と抽出語

具体的な活動や体験		関連すると考える抽出語（頻度）※重複を含む
直接活動	見る	観察25.見る11.見学6.発見5.見つける4.
	聞く	聞く18. 見学6.
	触れる	自然25.触れ合う8.触れる7.
	作る	作る20.
	探す	探検21.調べる15.虫7.発見5.ドングリ4.見つける4.
	育てる	育てる28.植物25.花15.アサガオ11.野菜9. 虫7.畑5.種4.
	遊ぶ	遊び6.ゲーム4.
表現活動（言葉・絵・動作・劇化）		書く6.発表5.交流4.

表8-5によると，直接働きかける活動については，7項目とも抽出150語のリストから見出せた。しかし，「見る」「触れる」「探す」「育てる」の頻度は多かったが，「遊ぶ」に関連付けられた抽出語は少なかった。これは，遊びそのものの活動が少なかったというのではなく，生活科の学習において遊びは，それだけで単独に扱われることが少なかったか，遊びを取り入れた活動の中に含まれたためにあまり印象に残らなかったとも考えることはできないだろうか。例えば，「探す」活動の中に遊びの要素が盛り込まれて展開されることも十分考えられる。

しかし，生活科では，遊びは他の活動を行う上での導入や手段の他に，遊びそれ自体の教育的価値は高いはずである。生活科を象徴する活動だけに，学生の記述から多くの語が出現するものと期待したところではあったが，実際に「遊ぶ」の語を記述したのは，137人中6人(約4.3%)に止まった。

表現活動については，「発表」や「交流」の抽出語がわずかに認められた。他にも表現活動と関連する語があると思われるが，絵や文，カードなどの具体的な表現物の記載は認められなかった。それは，直接働きかける活動に比して表現活動は印象が低いか十分な活動が展開されていないなどの理由で，結果としてあまり記憶に残らなかったのであろう。

次に，抽出150語リストの結果を生活科学習指導要領で示される9項目の内容ごとに関連付け，その軽重を探った。結果は，表8-6の通りである。頻度を概観すると，内容の(1)(3)(5)(6)(7)(9)については，関連する抽出語が多く認められたものの，(2)(4)(8)の内容の記載は少ない。

(2)の家庭と生活については，「家族」の抽出語は0であり，「家」で検索すると「『110番の人』の家」「友だちの家の前を通る」という2件が示されたが，いずれも「家庭と生活」の学習内容に直接的に関わるものではなかった。

(4)の「公共物や公共施設の利用」は，平成20年の学習指導要領の改訂において，実際の利用を行うように特に改められ，例示として図書館や公園，駅の利用が具体的に提示された内容であり，(3)の「地域と生活」とも関連付けられる。しかし，「見学」の関連語検索で示されたのは，下水道・上水道・スーパー・工場である。下水道や上水道施設の見学は，第4学年の社会科で見学として取り扱われることが多く，スーパーや工場も公共施設や公共物として該当しないだろう。

(8)の「生活や出来事の交流」は，平成20年の学習指導要領の改訂において新たに加えられた内容であり，それだけで成立する内容ではなく，他の内容と関連付けて行われる。表8-6の記載や考察とも関連するが，表現から交流への活動展開は取扱いが十分ではないか印象が薄いものであるかのいずれかであったことが見取れるのではないだろうか。

表8-6　生活科の9項目の内容と抽出語

	生活科の学習内容	関連する抽出語（頻度）※重複表示あり
(1)	学校と生活	小学校 62.学校 29.探検 21. 先生 9.発見 5.クラス 5.高学年 5.友達 5.教師 4.
(2)	家庭と生活	
(3)	地域と生活	地域 32. 探検 21.外 13.町 11.校外 5.畑 5. 発見 5. スーパー4.
(4)	公共物や公共施設の利用	見学 6. 発見 5.
(5)	季節の変化と生活	観察 25.季節 5.山 5.ドングリ 4.
(6)	自然や物を使った遊び	自然 25. 作る 20.ドングリ 4.遊び 6.
(7)	動植物の飼育・栽培	育てる 28.植物 25.観察 25.花 15.生き物 12. アサガオ 11.野菜 9. 虫 7.種 4.
(8)	生活や出来事の交流	発表 5.交流 4.
(9)	自分の成長	自分 25.成長 8. 自分達 8.自身 4.

(2)　生活科に対しての思い出の有無による語の出現パターンの違い

①「注目語」の出現率

生活科の思い出の有無を問う設問である図8-4の結果を用いて，全体を「思い出あり」群（「ある」「どちらかというとある」の76人），「思い出なし」群（「ない」「どちらかというとない」「わからない」61人）に分けて示した。

表8-1で網かけした生活科に関する頻度20以上の「注目語」についての出現率（各段落における出現数÷人数）を「思い出あり」群と「思い出なし」群に分けて，図8-5（p.200）に示した。

その結果，全ての「注目語」の出現率で，「思い出あり」群が「思い出なし」群を上回る結果になった。とりわけ，生活科のイメージを表す代表的な語としての「楽しい」を記載した割合の差が大きかった。また，具体的な活動を示す抽出語について目を向けてみると，「探検」「作る」「地域」の各語についての出現率の開きが大きかった。これは，生活科の思い出がある学生は，学校内や地域に出掛けての探検活動が体験として，鮮明に残っていることや，時間をかけた製作活動についての思い出が多いことに繋がっていると考えられる。

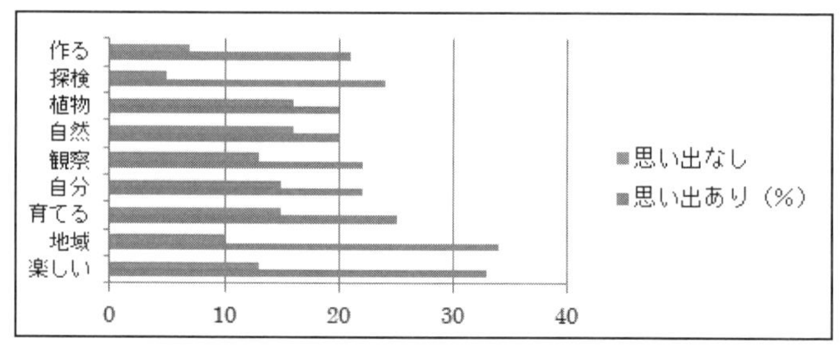

図 8-5 「注目語」の出現率

②「生活科」の関連語検索

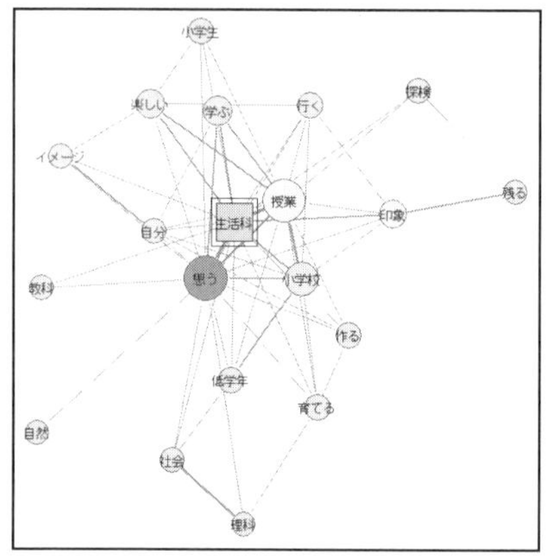

図 8-6「生活科」と関連が強い語の共起ネットワーク「思い出あり」群

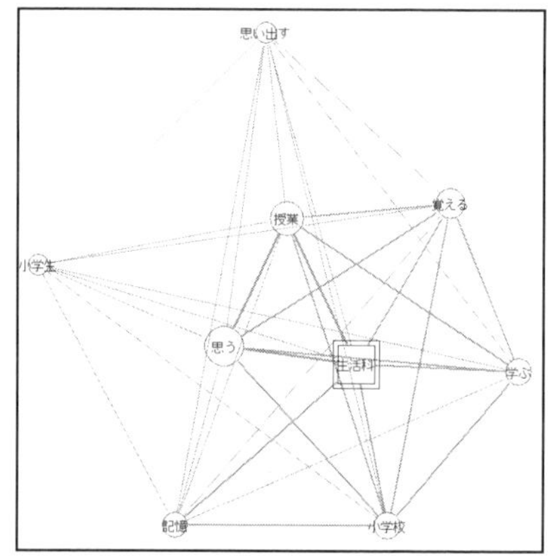

図 8-7「生活科」と関連が強い語の共起ネットワーク「思い出なし」群

「生活科」を検索の条件として Jaccard 係数が 0.2 以上の語を選択し，共起ネットワークを描いてみた。図 8-6，図 8-7 の描画では，出現数の多い語ほど大きな円で示した。また，語と語の共起関係が強いほど太い線で結んだ。図 8-6 では，「生活科」と関連が強いとして出現した語は，

19語である。それに対して，図8-7では，8語に止まっている。生活科の「思い出あり」群の学生は，生活科について記述する際に，具体的な活動やイメージを交えていたが，「思い出なし」群の学生は，実際の活動をあまり記述することができなかった。なお，「生活科」を検索語としてKWICコンコーダンスで前後の語の出現を確認したが，「思い出なし」群では，活動内容等についての具体的記述はほとんどなかった。

5. まとめ

生活科のイメージについて，学生自身の体験を踏まえて概ね好印象である結果は確認できた。しかし，10年以上前に生活科で行った具体的な活動や体験の実際について，克明に記述することができた学生は，多くはなかった。つまり，今回の記述では，生活科については，全体の印象としては良いが，根拠となる活動を思い出せるまでには至らなかった。

生活科の学習内容の想起で記述が多かったのは，植物の栽培と地域での探検活動であった。栽培活動では，一人一鉢の活動として個人が継続して植物の成長や変化に関わった活動で開花や実の収穫があり印象に残っていることが考えられる。また，町探検では，学校の外に出て，子ども同士で不安と期待を抱えながら多様な人々と接した活動が鮮明に残っていたと考えられる。その反面，「家庭と生活」や「公共施設の利用」については，記載が少なくあまり印象に残っていないことが判明した。自立の基礎を養い生活者としての子どもを育てる生活科の学習にあっては，家庭生活における自分の存在や生活者として公共物や公共施設を正しく利用するための活動を通して望ましい生活習慣や技能の習得に関わる学習は重要であると考える。子どもの心に響く実践を期待したい。

学習指導要領の内容（8）表現し交流する活動は，「見る」「聞く」「触れる」「作る」「探す」「育てる」「遊ぶ」等の直接働きかける学習活動を深化充実させる活動であり，気付きの質を高めるために重要であるが，あまり印象がなく，自由記述における表出の頻度は低いものであった。

生活科は低学年において設置されており，その記憶は曖昧なものが多く，まとまった内容としては表出が困難であった。生活科では顕著な活動が継続的又は広範囲に行われなければ，明確な想起が難しいことが今回のテキスト分析によって認められた。子どもが主体的に取り組む活動について自覚化された学びを目指す工夫が，教科の全内容で実践されることが必要である。その意味で学習指導要領において重点化されている「気付きの質」に着目した指導の充実は，幼児教育と第3学年以降の総合的な学習の時間や社会科や理科との親和性を図る意味において重要である。生活科の創設期に重視された遊びの積極的導入をはじめ，多様な人々との関わりや長期にわたっての探究活動などをふまえ，幼児教育の内容や方法と一層の連関を図り，子どもの心に響く学習を展開していく。

謝辞

最後になりましたが，本研究に関わるアンケートに協力していただいた生活科概説受講者の皆様に感謝いたします。

引用文献・参考文献・インターネットサイト

1　西田勝(2007)「生活科指導の実態とその考察～生活科概論・生活科教育法履修生のアンケートから～」『神戸親和女子大学児童教育学研究（第26号）』神戸親和女子大学児童教育学会,p.262.

2　森　隆夫(1991)『生活科の基礎・基本』エイデル研究所

3　樋口耕一(2004)「テキスト型データの計量的分析－2つのアプローチの峻別と統合－」『理論と方法』数理社会学会,pp.101-115.

4　樋口耕一：KH Coder http://khc.sourceforge.net/dl.html（2013.10.31確認）

5　樋口耕一：Coder 2.x リファレンス・マニュアル http://jaist.dl.sourceforge.net/project/khc/Manual/khcoder_manual.pdf（2013.10.31確認）

(付記)

本節は，下記の論文を加筆・修正して再構成したものである。

金岩俊明(2014)「大学生が生活科に対して抱いているイメージについて―自由記述文の分析を通して―」神戸女子大学文学部教育学科教育諸学研究27,pp.3-17.

2節 生活科教育法の模擬授業

1. はじめに

中央教育審議会答申(2006)において，教職課程の質的水準の向上が示唆され，教職課程の最終段階としての「教職実践演習」に向けてカリキュラム編成や教授法についての改善が求められた[1]。その中で，大学の教員養成課程では，学校現場の実態やニーズと乖離した情況が指摘されており，本答申は，団塊の世代の大量退職期を迎えるにあたって，即戦力としての教員の育成を期待したものと言える。

実践的指導力については，以前より文部科学省の教育職員養成審議会等で検討されてきたところである。徳永(2011)は，学生が学んだ教科の内容を授業として計画・実践・評価する力であるとし，現在の教員の資質能力への指摘に対応する教員養成における教育改革の方向性であると提示した[2]。つまり，実践的指導力の側面の一つは，小学校教員養成課程における各教科に係る科目においては，「教科に関する科目」と「教職に関する科目」で学んだ内容を基にPDCAサイクルを意識して自立的に授業を行うことができる能力である。

しかし，現行の教育職員免許法を踏まえた本学の免許取得の要件を見ると，小学校の9教科について「教職に関する科目」については必修化されているが，「教科に関する科目」は8単位（4科目）を履修すればよいことになっている。つまり，本学の生活科に関する科目を見ると，選択履修である「生活科概説」については，履修しない学生が相当数いるのが現状であり，生活科の基礎・基本を学ぶ機会が十分にあるとは言えない。(2021年現在のカリキュラムでは，必修化されている。)

生活科は，低学年のみの設置であり時間数も週3時間と少ないことから，教育実習において指導する機会が少ない教科の一つである。そこで，小学校教員免許取得者が全員履修する「生活科教育法」において，学生自らが生活科の授業を計画し実行し，その結果を評価する学習内容を構成する必要があると考えた。本節では，「生活科教育法」の実践の姿を受講生の評価から総括し，主として模擬授業実践の有効性を考察し，今後の課題を探るものである。

2.「生活科教育法」の実際（授業は，2コマ，Aグループ·Bグループとする）

(1) 授業（2014年度実施・2年次後期）の概要

（到達目標）

◎学習指導要領における生活科の学習内容を理解するとともに，具体的な活動や体験を創造し，指導計画を作成する。また，模擬授業を通して教材づくりや指導技術の習得，学習評価についての実践的指導力を高める。

（授業概要）

●生活科の学習指導に際しての知識や技能について，「遊び」と「問題解決学習」をふまえて学習過程の構成を行う。さらに，具体的な内容を位置づけた各学年の指導計画に基づき，創造的な学習展開例を作成，授業をシミュレーションし，教師の支援の在り方や学びへの評価についても知見を広げていく。

（シラバス授業計画）

1. 生活科の意義　2. 生活科の学習　3. 模擬授業デモ（学習環境・情報機器及び機材の活用）4. 生活科の内容①「学校と生活」5. 生活科の内容②「家庭と生活」6. 生活科の内容③「地域と生活」7. 生活科の内容④「公共物や公共施設の利用」8. 生活科の内容⑤「季節の変化と生活」9. 生活科の内容⑥「自然や物を使った遊び」10. 生活科の内容⑦「動物の飼育」11. 生活科の内容⑦「植物の栽培」12. 生活科の内容⑧「生活や出来事の交流」13. 生活科の内容⑨「自分の成長」14. 模擬授業のまとめ　15. まとめ

「生活科教育法」では，2年次前期の教科に関する科目である「生活科概説」を受けて，主として授業実践の内容を扱うものである。授業計画での1時・2時は，「生活科概説」が未履修の学生への配慮から教科の基本的事項を扱った。それに続く3時は，教員が模擬授業を示範し，授業において提出を求める作成資料（指導略案・指導細案・ワークシート等）や評価資料の解説を行った。また，ICTの活用についての基本的な操作の説明も加えた。

シラバスの4時から13時は，教員による10の学習内容の解説を30分行い，その後学生の模擬授業（授業20分・討議10分）を実施した。

(2) 模擬授業で取り入れられた活動

20分間の模擬授業の展開において学生が取り入れた活動は，以下の通りである。活動としてカウントしたのは，本時の指導案における展開としてナンバリングされたものを取り上げ，複数の内容にまたがる活動は，観察の結果，重点がかけられた活動に振り分けた。

表8-7 授業における活動（Aグループ）

授業班	学習内容	人数	活動数	活動数の内訳									
				話す聞く	書く	作る	見る	クイズゲーム	描く	考える	遊ぶ	知る	渡す
1A	学校と生活	3	3	1			1	1					
2A		2	3				1	1		1			
3A	家庭と生活	3	4	1	2				1				
4A		3	5	3	1					1			
5A	地域と生活	3	3	1			1	1					
6A		3	4	1	1			1		1			
7A	公共物や公共	2	4	2			1	1					
8A	施設の利用	3	4	1			1	1					
9A	季節の変化と	3	3	1			1	1					
10A	生活	3	5	3		1		1					
11A	自然や物を使	3	4	2		2							
12A	った遊び	3	6	1	1	1	2				1		
13A	動物の飼育	3	3	2	1								
14A		3	4	2			1	1					
15A	植物の栽培	3	4	1	1		1		1				
16A		3	5	2	1		1	1					
17A	生活や出来事の交流	3	3	2							1		
19A	自分の成長	3	4	1		1	2						
20A		3	5	1	2		1						1
合計		55	76	28	10	8	14	17	5	15	5	3	1

表 8-8　授業における活動（Bグループ）

授業班	学習内容	人数	活動数	活動数の内訳									
				話す聞く	書く	作る	見る	クイズゲーム	描く	考える	遊ぶ	知る	渡す
1B	学校と生活	4	3	1			1	1					
2B		3	4	2		1		1					
3B	家庭と生活	4	4	2	2								
4B		3	4	2			1			1			
5B	地域と生活	3	3	2				1					
6B		3	5	2	2		1						
7B	公共物や公共	3	3	1			1			1			
8B	施設の利用	3	4	2			1	1					
9B	季節の変化と	3	4	3			1						
10B	生活	3	3	1			1	1					
11B	自然や物を使	3	3	1		1					1		
12B	った遊び	3	5	1		1	1				2		
13B	動物の飼育	3	6	3	1		2						
14B		3	6	1			1		1	3			
15B	植物の栽培	3	5	2				1	1	1			
16B		4	6	2						2		2	
17B	生活や出来事	3	5	1				1	1	1		1	
18B	の交流	3	3	2						1			
19B	自分の成長	2	5	2	1		1			1			
20B		2	4	2	1					1			
合計		61	85	35	7	3	12	7	3	12	3	3	0

これらを集計すると，図 8-9 のようになる。「話す・聞く」活動は，授業実施班のほぼ全てで取り入れられた。すなわち，20 分間の展開では，導入時又は中心となる活動の前に，話し合い活動がなされたことが多く，話し合い活動から主活動が行われる道筋があった。

また，教員によるデモ授業で，クイズを導入したのであるが，前半の授業班で「クイズ・ゲーム」が多く取り入れられた結果につながった。

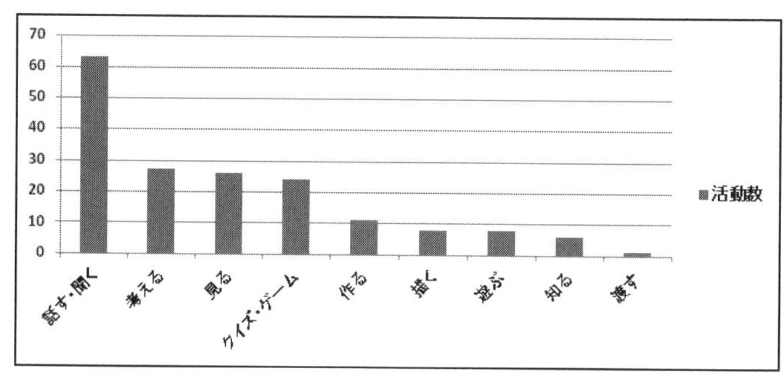

図 8-8　模擬授業における活動の総計

3. 模擬授業の評価

(1)　各班の模擬授業についての児童役による評価

模擬授業の時間終了後すぐ，児童役の学生に授業評価シートを配付し記入を求めた。授業評価シートの観点別各項目は，実施した模擬授業の内容が図 8-9，10 の凡例について，「あてはまる」4 点，「ややあてはまる」3 点，「あまりあてはまらない」2 点，「あてはまらない」1 点を付与し，合計点を人数で除して観点別平均点を算出した。授業班の順に平均点の経過を示したのが図 8-9，10 である。

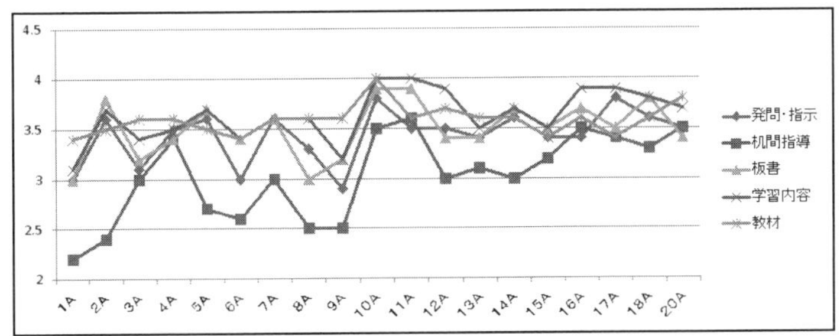

図 8-9　観点別評価平均点の推移（A グループ）

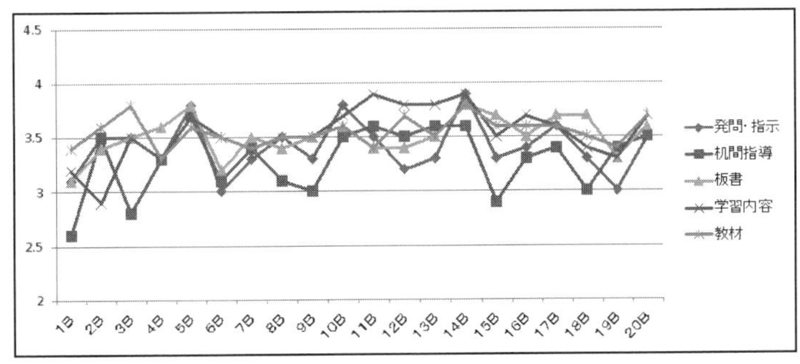

図 8-10　観点別評価点の推移（B グループ）

時系列で平均点の推移を概観すると，全体的には各観点とも平均点が上昇しているのが読み取れる。観点別に見ると，A グループの「机間指導」においては，前半は評価の低い班があったが，後半には評価が高くなっていることが分かる。これは，模擬授業を行った当初は机間指導が行われていたが，個別の働きかけが十分に行われることがなかったものの，後半になって児童一人一人への言葉がけがなされることが多かった事実を示すものである。

図 8-11 は，観点別平均点を合計した班別総合点の推移である。近似直線の傾斜でも分かるように，実施回数とともに僅かであるが上昇していることが分かる。

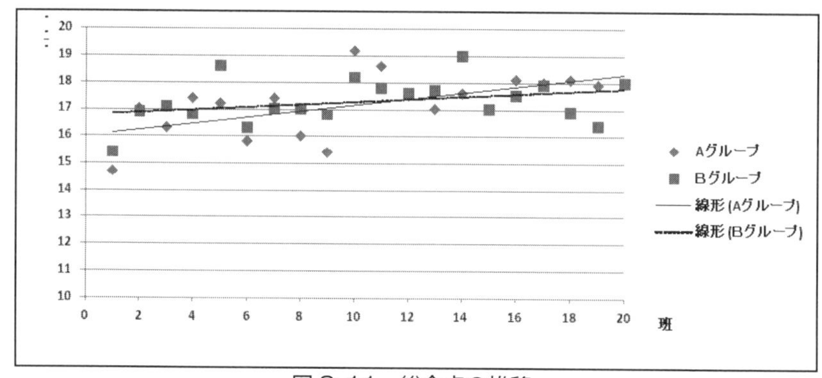

図 8-11　総合点の推移

(2)　評価結果を受けての班（教師役）の自己評価

資料 2 の評価シート集計用紙に，集計結果からの班の考察の欄を設けた。各班が文章表記として，考察に取り上げた評価の観点を集計したのが図 8-13 である。

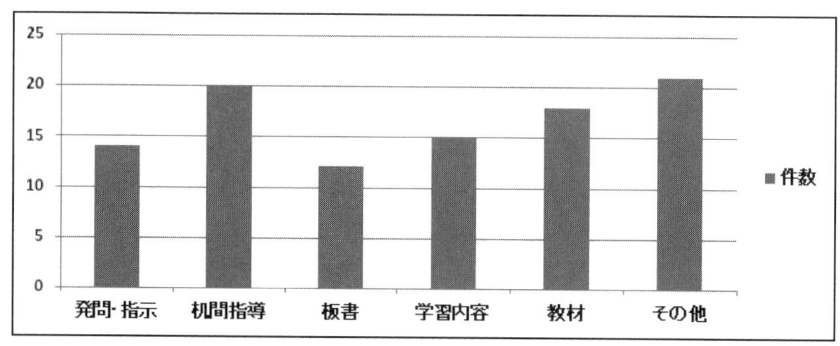

図 8-12　各班が考察において取り上げた観点

記述内容を，評価シートの 5 項目の観点及びその他の項目に振り分けカウントした。その結果，その他を除いて，机間指導，教材，学習内容の順に多かった。他には，「教師側の声の大きさ」「言葉遣い」「子どもに対する応答や配慮」などについての記載があった。これらの内容から，まず，学生が模擬授業を通して生活科の授業において大切な要素としては，子どもへの支援や言葉かけであると思われた。次に，魅力的な教材や活動を提示も授業の満足度に影響しているのが認められた。その反面，板書事項や掲示物については比較的考察は少なかった。これは，模擬授業当初から高得点であったのと，ある程度パターン化した教師の行為であったことが影響したと思われる。

(3) 最高得点の班について

各班から寄せられた授業評価シートにおいて，班の総合点で最も高かったのは 10-A 班の 19.2 点（満点 20 点）である。そこで，児童役の学生が記述した評価シートの「授業者へのコメント」の一部を紹介する。

・今まで，クイズが多かったのでビンゴは新鮮で楽しくとても良いと思いました。指示や一つ一つの動作が的確で，メリハリのある授業でとても良かったです。
・ビンゴは子どもの関心を引きつけるし，身近にある秋についてゲームを通して学べるいい題材だなと思いました。すごく楽しかったので，子どもとやっても盛り上がると思います。机間指導も声かけも個人個人に向けての対応も丁寧で良かったです。
・しゃべり方が児童を引きつけるような感じでとてもよかった。先生が自ら絵をかいてくれたのも，みんなが笑顔になりいい雰囲気ができていた。工夫されていておもしろく，またこんな授業を受けたいと思った。

コメントの内容から，高評価の根拠としてビンゴゲームを導入した主活動の工夫が読み取れる。これまでのクイズ形式がマンネリ化していたところに，子どもが参加しやすく楽しめるビンゴゲームが提示されたことの新鮮さが挙げられた。さらに，当班が行った活動数は，表 8-7 からも分かるように 5 つあり，主活動のビンゴゲームに至るまでに，カードそのものを製作する活動が取り入れられていたことも評価された。また，教師の醸し出す雰囲気や指導技術についての記述もあり，活動内容だけではなく指導法についても併せて評価の対象となったことが分かる。

4. 模擬授業を終えての自己評価

(1) 観点別評価

各班の模擬授業が終了した14回目の授業において，個別のアンケートを実施した。設問は大きく2つあり，1つは授業準備から授業，児童役の評価シート，生活科に対する関心度など模擬授業全般について4件法による観点別評価であり，後の1つは模擬授業を終えて，生活科の授業についてどう考えたかの文章による自由記述である。なお，観点別評価の結果は，図8-13に示した。

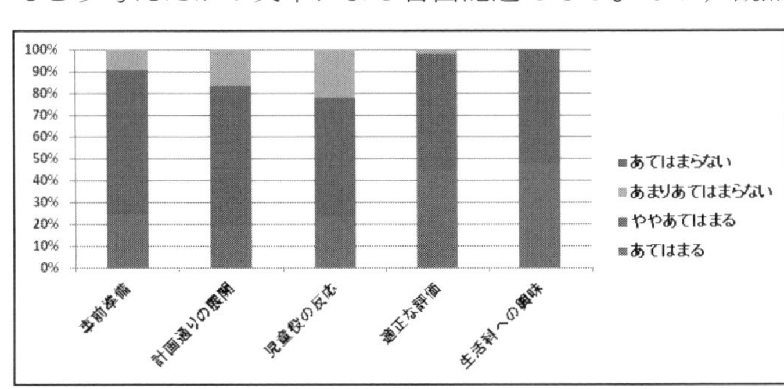

図8-13 観点別評価の結果（%）

集計の結果を見ると，5項目全てにおいて高評価の結果が出た。その中で最も低かったのが児童役の反応についてであった。これは，各班の評価シートの報告においても触れられていた事項であり，模擬授業においては，児童役の存在が大切であったことを示しているものであろう。また，各個人から出された評価シートへの満足度が高く，評価シートの妥当性が認められた結果になった。最後の項目の授業に対する興味の高まりについては，否定する者はいなかったが，「あてはまる」と「ややあてはまる」がほぼ同数であり，模擬授業だけで生活科の授業に対する認識を深めることは十分でないという結果が示されたと考える。

(2) 生活科の授業の在り方についての自由記述

① 分析ソフトについて

自由記述データの分析は，樋口（2004）の計量テキスト分析[3]に依って行った。計量テキスト分析とは，数値の形になっていない新聞記事やアンケート自由記述，インタビューにおけるトランスクリプトなどの質的データを取り扱い，質的データに数値的操作を加え計量的に分析する手法である。分析ソフトは，樋口 (2004) による KH Coder[4] を使用した。

② 品詞別抽出語リスト

KH Coder においては，品詞別抽出語リストを作成すると様々な品詞が提供されるが，表 8-9 は，名詞・サ変名詞・タグ語（強制抽出をした語）・形容動詞について，段落出現数（一人が書いた文全体）の多い語から順に並べた。例えば，「子ども」という名詞は，32 人が使った。

表 8-9 では，「授業」や「生活科」など，設問への応答として使用されると考えられる語があることに気付く。考察を進めるにおいて，これらの語以外で，生活科の授業の要素を示すであろうと思われる特徴的な語を選択し，表中において網かけをして「注目語」とした。

まず，「注目語」を検討していくと，学生が生活科の授業において重要と考えているイメージや要素が見えてきた。それらをまとめると，以下のような内容になると考える。

・生活科の授業においては，子どもが興味や関心をもち，体験的な活動を進めること。
・自分達で発見し，参加して活動を工夫することにより主体的に学習できる。
・地域や身の周り（回り）の環境から学ぶ。
・生活科は，国語や算数と異なる授業展開が望まれる教科である。

このように，生活科の学習の特質をよく表した内容が記載されており，模擬授業の実践を通して，前期科目である「生活科概説」で習得した生活科の基本的な考え方を，改めて整理した記述になっている。しかし，生活科の具体的な活動や体験として重視されている表現活動や，平成 20 年度の学習指導要領の改訂で新規に加わった学習内容 (8)「表現・交流」に関しての「注目語」は少なかった。これは，模擬授業の時間設定が授業の導入から主活動に至るまでを取り上げたものが多かったことも関係しているのではないか。

表 8-9　品詞別抽出語リスト（N=105）　※網かけは「注目語」

名詞	文書数（段落）	サ変名詞	文書数（段落）	タグ語	文書数（段落）	形容動詞	文書数（段落）
子ども	32	授業	95	生活科	59	大切	36
児童	30	生活	29	子ども達	25	必要	18
興味	25	体験	18	模擬授業	23	重要	13
教師	18	活動	17	興味・関心	12	自然	11
教科	14	経験	13	自分達	7	身近	10
自分	14	工夫	12	主体的	7	様々	9
地域	14	展開	9	身の周り	6	自由	4
算数	10	発見	9	大切さ	6	大事	4
知識	10	参加	7	積極的	5	主	2
国語	9	学習	6	授業内容	4	十分	2
内容	9	計画	6	日常生活	4	さまざま	1
学校	7	構成	6	一人一人	3	貴重	1
意欲	5	準備	6	児童主体	3	真面目	1
科目	5	実感	5	身の回り	3	正確	1
環境	5	発言	5	座学	2	静か	1
関心	5	勉強	5	自分自身	2	直接的	1
機会	5	実践	4			適切	1
1つ	4	意見	3			得意	1
関わり	4	協力	3			非常	1
教材	4	指導	3			必須	1

③　階層的クラスター分析

図 8-14 は，階層的クラスター分析によるデンドログラム（樹形図）である。表 8-9 の品詞別抽出語の関係をより明確にするために作成した。クラスター数は 7 とし，右の点線より左で結ばれているのがまとまりとして表示される。なお，左側の帯は出現回数を表している。このデンドログラムでは，左側で縦につながっているほど出現パターンが似通っていると判断される。上から 3 つ目のクラスターは，生活科の授業について表しているものと考えられる。つまり，学生が模擬授業を通して学んだ生活科の授業についての要素が表出しているものと考えられる。

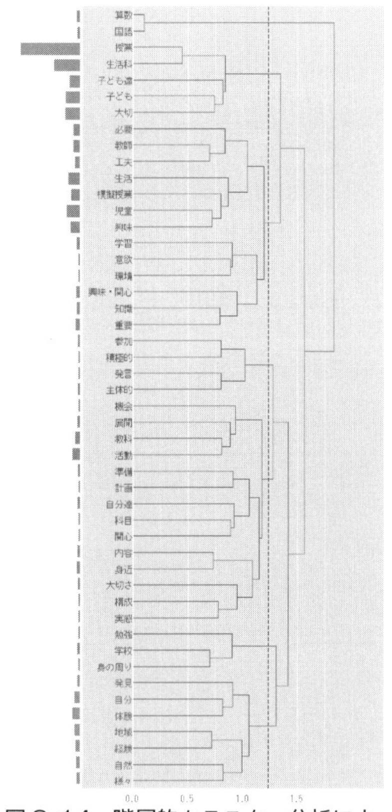

図 8-14　階層的クラスター分析によるデンドログラム（樹形図）

④　共起ネットワーク

出現パターンが似ており，共起関係の強い語を線で結び配置したのが共起ネットワークである。共起関係が強い程，太い線で結ばれている。この図の作成により，前述の「注目語」間の位置関係やつながりが確認でき，自由記述文において，語がどのように関連付けられるかをネットワークとして描いた。

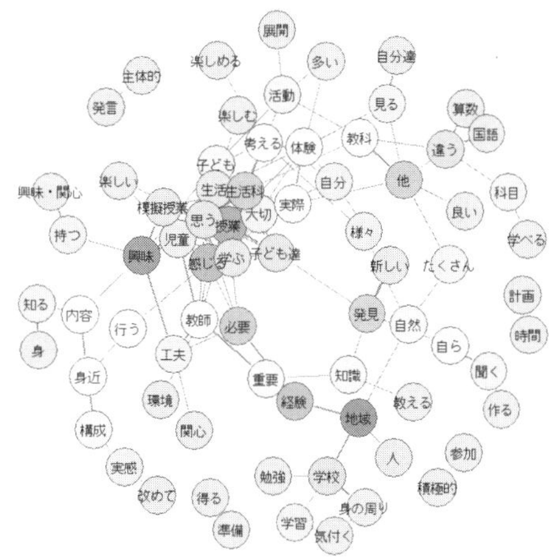

図 8-15　共起ネットワーク（140 語）

図 8-16 は，「生活科」の関連語による共起ネットワークを描いた。生活科においては，子ども中心に考えていくことや授業においては諸感覚を働かせて学ぶことなどを見取ることができ，図 8-15 の共起ネットワークを「生活科」の語を基点として改めて確認することができた。

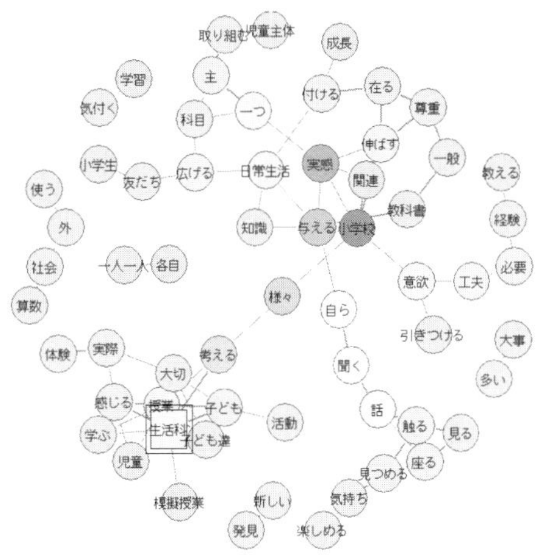

図 8-16　共起ネットワーク（「生活科」関連語）

⑤　KWIC コンコーダンス

表 8-10 では，模擬授業の語が記述された文書についての左右 15 語を抽出した。26 例中 23 例を占めたのは，自分達が行った模擬授業の経験に関わる内容であり，模擬授業を通して学んだ成果が好意的に受け止められた。残りの 3 例は，他の班の模擬授業を受けての感想であるが，2 例は自分達が受け止めた内容と同様の思いが表現され，1 例（№.9）については，模擬授業における児童役の参加態度についての記述であった。

表 8-10　KWIC コンコーダンス　抽出語「模擬授業」

No.	L（左側の 15 語）	C（抽出語）	R（右側の15語）
1	ひくことができる内容を構成すべきだと感じました。(↓)	模擬授業	をするまで生活の授業は必要なのかなと思って
2	は必要なのかなと思っていたけど、自分達が	模擬授業	をしたり他の班の授業を見て、楽しみながらも
3	思いました。(↓)子ども達に楽しんでもらえるような授業がよいと	模擬授業	を通して思った。ただ楽しいだけでなくきちんと学べる授業がよいと
4	発見、友達の大切さを見つめていけることが大切。(↓)全部の	模擬授業	を通して見てみて、各単元にそれぞれの目標があって
5	分、子ども達の興味や意欲をひきたてやすい授業なのかなと	模擬授業	を通して思った。(↓)生活の授業は、椅子に座って黒板を
6	意欲を高める授業を行うべきだと思いました。(↓)生活科の	模擬授業	をふまえて、生活科とはただ教師が前で教えるので
7	楽しく授業進行できるかがポイントだと思いました。(↓)自らの	模擬授業	や、他の人の模擬授業を聞いて生活科の授業は子ども
8	だと思いました。(↓)自らの模擬授業や、他の人の	模擬授業	を聞いて生活科の授業は子どもに実際に活動を促す授業
9	する大切さを学びました。(↓)自分も含め、他の班の	模擬授業	中の態度があまり良くなかったと思います。後ろの席
10	少しの工夫で関心が集まると実感できました。(↓)生活の	模擬授業	をして、生活科の授業は、とても大切な授業の一つ
11	子どもがいきいきと楽しめるようなものであるべきだと考える。	模擬授業	をしてみて、静かな真面目な授業よりも、子ども達
12	がどれほどの事を学べるかが変わってくると思った。(↓)	模擬授業	をしてみて、子どもの興味をひくことが大切で
13	には非常に身に付けやすい授業だと思いました。(↓)	模擬授業	から、生活科では自然や伝統、人との関わりというもの
14	ないことも経験できるので生活科が導入されてよかった。(↓)	模擬授業	をして、生活は楽しく児童自ら積極的に行動して、
15	ました。(↓)生活科の授業は賛否両論ありますが、私は	模擬授業	を通して子ども達の生活の中で必要な授業だと思うし、
16	をし、たくさん発見できる指導が大切だと思う。(↓)実際に	模擬授業	をしてみて、生活科の授業が子ども達が成長して
17	の準備、仲間とのふれあいができる良い場だと思う。(↓)	模擬授業	を終えて、まだまだ授業に工夫が足りないなと感じた
18	に外のものとふれあってこその生活だと思います。(↓)	模擬授業	をしてみて、生活科の授業は「楽しみ」を持た
19	ていける環境をつくっていくことも大切だと感じた。(↓)	模擬授業	を経験して、生活科では事前準備と見通しをもった計画
20	できるようにしておくことも重要だと感じました。(↓)	模擬授業	を経験して、生活科の授業とは児童の学校での
21	が取り込んであるものでないといけないと思いました。	模擬授業	をしていて、初めて知ることや、自分が作ったり
22	への愛着をつくれるものであるべきだと思う。(↓)実際に	模擬授業	を受けてみると、じっと椅子で聞く授業よりも何か
23	人ととして大切なことを学べるものだと思う。(↓)生活科の	模擬授業	では、板書計画を立てること、画用紙であらかじめ「めあて
24	ないよう、ワークシートを使うことも大切だと学びました。(↓)	模擬授業	の経験をふまえて、生活科の授業は小学生にとって必須の授業
25	だと思う。しっかりと教えるべきである。(↓)今回、自分達の	模擬授業	や、他の学生の模擬授業を受けてみて児童の興味
26	べきである。(↓)今回、自分達の模擬授業や、他の学生の	模擬授業	を受けてみて児童の興味や関心をひくためのたくさん

模擬授業を通しての生活科の学習指導の特色については，まず，子どもを楽しませることが必要であるとする記述が多いのが認められた。また，学習においては教師側が子どもの身の回りの環境から多様な学習対象を準備し，子どもの興味や関心が高まることが大切であるとする要素が明らかになった。実際に授業を行うまでは不確かだった生活科に対する授業のイメージを，ある程度つかむことができたようである。

5. まとめ

「生活科教育法」における模擬授業の概要と，学生による評価結果を取り上げ，実践的指導力の向上につながる授業内容になっているかどうかを検証してきた。その結果，生活科の授業を進めるための大まかな流れについては，自身の授業実践と他学生の授業を受けることにより習得できたのではないかと考える。特に，授業では，学習目標である「めあて」を掲げることや教師の発問による話し合い活動が導入時に必要なこと，主活動（生活科では「直接働きかける活動」）において子どもの興味・関心を高める活動を工夫すること，机間指導や個への働きかけの重視などである。しかし，学生全員の指導時間を確保したため，各模擬授業の持ち時間が20分となり，どうしても授業の導入を実施する班が多く，表現活動や交流する機会が実践に盛り込まれることは少なかった。

模擬授業の実施は，学生にとって，自らの実践的指導力育成に向けての経験として有効に働くことは，実施後の自由記述文の内容からも明らかである。今回の実施にあたっては，模擬授業の前に，授業とは別に指導案検討会を実施し学生と検討を加えてはきたが，展開の学習活動を整理するに止まり，授業における児童との相互作用まで確認するには至らなかった。それは，児童役の反応が十分に得られなかったとする学生の評価から窺われた。教科教育法は，教育実習の授業実践に直接的につながり，教員養成課程においては，アクティブ・ラーニングとしての授業変革が求められる科目である。今後も，「教科に関する科目」との連関を重視しながら，学生の自己学習能力の向上を期待して実践的に進めたい。

謝辞

最後になりましたが，本研究に関わる資料提供及びアンケートに協力していただいた生活科教育法受講者の皆様に感謝いたします。

参考文献・インターネットサイト

1　中央教育審議会(2006)『今後の教員養成・免許制度の在り方について（答申)』文部科学省

2　德永保(2011)『実践的指導力を育成する教員養成をめざして』 国立教育政策研究所 https://www.nier.go.jp/05_kenkyu_seika/pf_pdf/Tyukyoushin_FinalVer.pdf (2015.10.27.確認)

3　樋口耕一(2004)「テキスト型データの計量的分析―2つのアプローチの峻別と統合―」『理論と方法』数理社会学会,pp.101-115.

4　樋口耕一：KH Coder ダウンロード http://khc.sourceforge.net/dl.html (2015.10.27.確認)

(付記)

本節は，下記の論文を加筆・修正して再構成したものである。

金岩俊明(2016)「生活科教育法における模擬授業の実践―学生の実践的指導力の向上を目指して―」神戸女子大学文学部教育学科教育諸学研究29,pp.19-31.

須磨海岸における環境学習の実践活動

―ビーチコーミング及び漂着物調査を通して―

1.　問題の所在と目標

(1)　須磨海岸について

神戸市須磨区の西部に広がる須磨海岸は，日本の渚100選にも選ばれた景勝地であり延長1.8kmの砂浜は阪神間で最大の海水浴場である。交通の便がよくJR須磨駅のすぐ南側に位置し，夏場は多数の来場者があり，神戸の一大観光スポットとなっている。それに伴い，公園としての整備が進み，遊歩道の設置や植林が行われ美観が維持されている。

神戸女子大学の学生にとって身近な自然環境の一つであり，通学の途上日常的に接する風景として須磨駅のホームから眺める海岸線は，大阪湾の全景を映しだし天気のよい日には和歌山県の友ヶ島まで遠望することができる。しかし，実際に海岸へ出て雰囲気を楽しむ学生は少なく，須磨海岸は汚れているというイメージを持っている学生もいる。

(2)　須磨海岸に関わる環境問題について

須磨海岸は，夏場に多くの来場者があることから，海水浴シーズンの前には須磨海岸を美しくする運動推進協議会などの須磨区の諸団体が中心となってクリーン作戦が行われている。このような取り組みの成果もあり，2019年に安全・安心なビーチであることを示すブルーフラッグビーチ（Blue Flag beach）として国内で3番目に国際環境教育基金(FEE）より認証された。

海岸の範囲は，一般的に東は神戸市須磨海浜水族園から，西は一の谷川に至る国有地である。水族園から須磨駅の東側にある「すまうら水産のり工場」までの砂浜は，定期的な美化活動が行われ，環境保全が行われているが，そこより西側の一の谷川付近にかけては自然海岸の風景がほぼ残され，ほとんど手つかずの状態の海岸がある。

(3) 環境教育の目標

現在，地球上では自然環境の破壊に伴う環境の悪化が重要な問題となっている。そこで，幼児期から様々な機会をとらえての環境問題についての学習を進めなければならない。そこで，環境についての学習を進める際には，環境教育の目標として「ベオグラード憲章」(1975) に基づいた，以下の 6 項目を確認し，学習を支援する必要がある[1]。

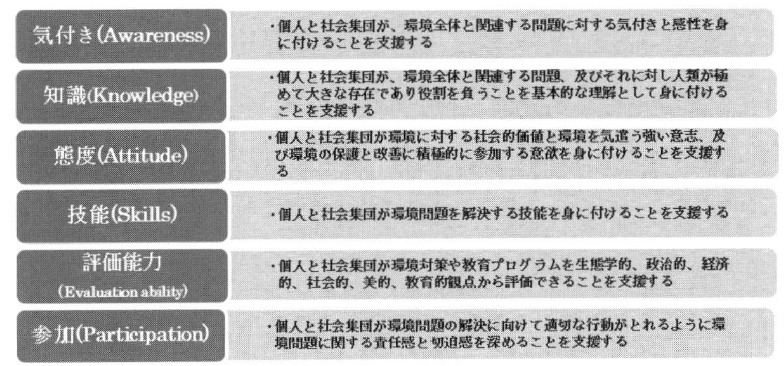

図 8-17　環境教育の目標（出典：ベオグラード憲章）

(4) 学校における環境教育の現状と課題から

環境教育は，身近な環境問題への気付きを深め地球環境問題へと繋げることが必要である。そのなかで，持続可能な環境にむけて知識や技能を習得し，態度や行動力を向上させていく必要があり，環境学習は，アクティブ・ラーニングそのものと考えられるのである。

教員を目指す大学生の環境教育について，日本学術会議環境学委員会環境思想・環境教育分科会 (2008) は，「現行の学習指導要領では『環境』を扱っている教科として，社会や理科，家庭科などが中心に展開されてきているが，教員の裁量によるところも大きく，学校自体に『環境』に興味がない場合や教員に取り組みの経験が少ない場合は，『環境』を体験的，発展的に教えることができず，単に教科書を用いてのみの指導としてしまう傾向にある[2]」と，教員養成時に環境教育の素養や方法論を学べないと，地球規模の環境問題の現状や原因を，単に知識として教え込んでしまい，課題解決に至る展開やさまざまな視点からものごとを相互関連的にとらえていく授業づくりができないと危惧し，大学教育においても環境教育を学ぶ科目を設置し，教職課程を履修する学生に対して，自然体験を含む環境教育を義務付け人間と環境との適切な関係を学ぶ機会を提供すべきであると提言している。

教職課程の学生に海岸漂着物を教材にした環境教育の先行事例として，中西(2005)の実践研究では，授業科目「環境教育演習」で「国際ビーチクリーンアップ・キャンペーン」への参加，海岸調査，海岸漂着物の展示イベントを通して学生が新鮮な感覚でいろいろな体験を受け入れたこと，海岸漂着物は教材として総合学習などの環境学習に適切であることを論じている[3]。

そこで，本実践では大学の身近な環境である須磨海岸の漂着物等について，次に示す具体的な体験学習を進めることにより，学生一人一人が自らの問題として環境に対する気付きを深めることから前述の6項目の意味を実感として理解することを目的とする。さらに，教員になった際に自らの体験を基に，積極的に環境教育を進める担い手になるため，生活科や総合的な学習の時間における環境教育として地域素材の教材化の事例としての学びを深めることを目指して行う。

2. 具体的な環境学習の説明

(1)　ビーチコーミング

ビーチコーミング（Beach combing）は，海岸をくしですく(combing)ように細かな漂着物を採集する行為である。古来より海岸の漂着物は収集の対象となり，様々な用途に利用されてきた。近年では，収集した物を使って工芸物を作ったりアート作品として展示したりする活動も盛んに行われている。

海岸漂着物は，自然由来の物を含めほとんどがごみとして扱われることが多いが，逆転の発想として有用な物として再利用することにより素材の再発見を試みる取り組みを行うこととした。漂着物学会では，『少年少女のための“ドンブラッコ”講座』の小冊子を公開し，ビーチコーミングの楽しみ方を紹介している[4]。要点は，以下の通りである。

- 浜を歩くと，波が運んできた贈り物（プレゼント）漂着物がいっぱいある。
- メモ帳，メジャー，ビニール袋，カメラなどを持って海岸に出てみよう。
- 漂着物には，危険な物があるので気をつけよう。
- 持って帰れる漂着物は，よく水洗いをして塩分を落として保管しよう。

(2) 海岸漂着物調査

環境省等が取り組んでいる海岸漂着物の調査は，漂着ごみ対策を適切に進めていくため漂着ごみの量及び分布を把握し，漂着ごみの組成の把握や，海域別又は地域別の組成の違いを明らかにすることである。環境省の関係機関としてのNPEC（公益財団法人　環日本海環境協力センター）(2018)は，自治体等や小中学校と連携して調査活動を広範囲に進めており，調査の目的はゴミの実態把握だけではなく，その発生源も推測するため材料別に大きく分類し機能や製造時の用途に細分類すること，調査参加者に対して調査結果を参考にして海洋ゴミ削減に向けて自分自身でできる行動を考えて実践するように呼び掛けるとしている[5]。

調査区域に選んだ神戸市須磨区一の谷川河口右岸は，須磨駅から離れている場所であり海水浴場には指定されていない。そのため，地元の人や釣り人が訪れる程度で普段からひっそりとした所であり，須磨海岸のクリーン作戦の対象地区になることも少ない。そこで，事前に下見を重ねて安全を確認し，河川の水量が安定している状況を確認し，神戸市港湾局に届出を行って調査を実施した。調査方法は，次の通りである。

調査方法

１．調査区画（コードラート）の設定

- 満潮線をはさんで、一辺 10m の調査範囲を設定する。（３グループ）
- 四隅に杭を打ち、その間をナイロン紐で区分けする。

２．漂着物の個数調査

- 調査区画を概観し、調査票の分類に従って個数を測定し、調査票に記入する。

・ふるいに残ったゴミの中から、マイクロプラスチックを選別して個数を数える。

（NPEC の調査方法を参考に作成）

(3) マイクロプラスチック調査

海岸漂着物として，プラスチックの微細片としてマイクロプラスチック (micro plastics) の問題がある。磯辺 (2013) は，「世界中でプラスチックの生産が増加を続ける一方で，再利用の経路から外れた廃プラスチックの一部は，いずれ海ごみとなり，海洋に次第に蓄積していく。この世界は，プラスチックの袋小路である[6]」と述べ，魚類等の摂食のみならず，プラスチックには化学汚染物質が吸着し生態系へ混入する可能性が否定できないと指摘している。今回は，海岸漂着物のコードラート内で水際より３カ所「海」「中」「丘」のサンプルを採取した。

調査方法

1. 砂の採取
   - ・調査区画内で、一辺 20cm の正方形の区画を設定し、区画内の砂を約 25cm の深さまで取る。
   - ・取った砂から 5mm より大きいゴミや小石を取り除くため、容器の上で 5mm 目のふるいにかける。
2. マイクロプラスチックの採取
   - ・容器に残った砂をバケツに入れ、水を加えてよくかき混ぜる。
   - ・上澄み液を 1mm 目のふるいにかける。
   - ・ふるいに残ったゴミの中から、マイクロプラスチックを選別して個数を数える。

（NPEC の調査方法を参考に作成）

(4) 漂着物アート

NPEC は，漂着物アート制作体験会を開催する際のねらいとして，「海岸に漂着する海洋ゴミ（漂着物）を利用したアート作品の制作体験や地域の身近な海岸での漂着物調査などを通して，海岸漂着物の実態や海洋環境の保全について学習するとともに，その原因となるごみを出さないための行動を自ら実践していくきっかけとする[7]」を示している。今回は，いわゆる海洋ゴミだけではなく，ビーチコーミングで収集した貝や流木なども活用して制作し，オブジェとして楽しめる物を制作する。

3. 実践活動の実際と結果

(1) 学習計画

今回の活動は，ガイダンスを含めて5回のゼミの時間で設定した。

表8-11 実践活動の経過（2018年）

回	月日	活動内容	場所	備考
1	9月26日	事前アンケート・ガイダンス	大学研究室	参考文献の提示
2	10月3日	ビーチコーミング	須磨海岸（B⇒A地点）	満潮線付近の散策
3	10月10日	漂着物調査・マイクロプラスチック採取用海岸砂採取	須磨海岸（A地点）	3地点に分かれて実施
4	10月17日	マイクロプラスチック採取・データ整理	野外・大学研究室	野外での分別作業
5	10月24日	漂着物アート まとめ・事後アンケート	大学研究室	2時間実施

(2) 調査場所

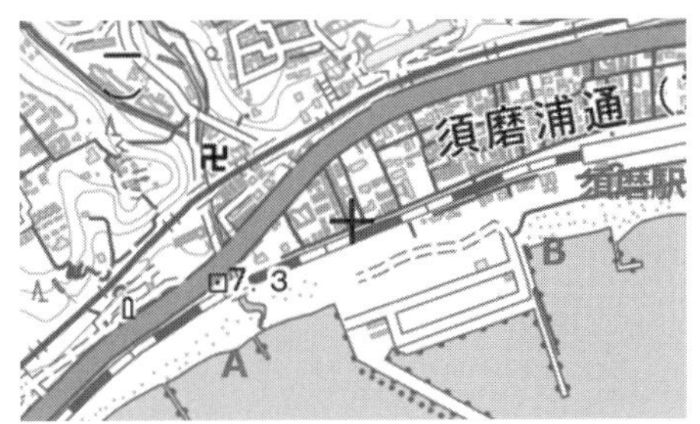

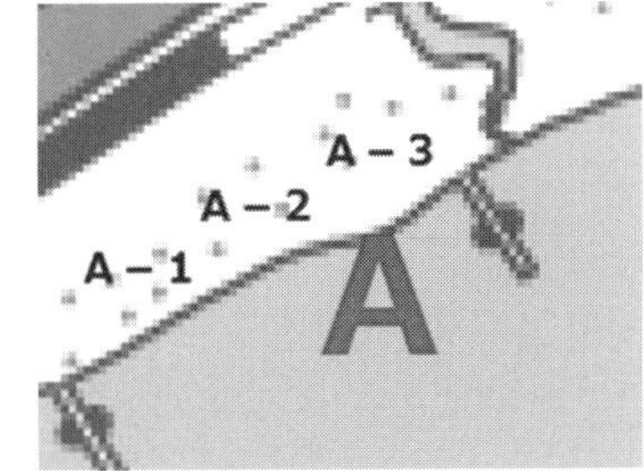

図8-18 調査地点（国土地理院『地理院地図』を使用して作成）

・ビーチコーミングは，須磨駅からB地点⇒A地点のコースで行った。

・漂着物調査及びマイクロプラスチックのサンプル採取は，A地点の一の谷川右岸河口付近で行い，3グループによりA－1，A－2，A－3で行った。

(3) ビーチコーミング

図8-19 B地点での様子

図8-20 A地点での様子

満潮を過ぎての活動となったが，多くの物を採集することができた。これまで経験したことがない学生は，どんな物を拾ったらよいか戸惑いを見せたが，シーグラス採集の様子を見て，思い思いの物を採集していた。B地点は，3日ほど前に一斉清掃があり，大きなゴミはほとんど見られなかったが，貝殻や色とりどりの石，生物の死骸などを観察することができた。その後，漁港裏の松林を通り抜け，A地点へ着いた。A地点は漂着ゴミが大量に残されており，その様子に驚く学生もいた。人の手があまり入らない海岸の様子を目の当たりにして，海岸の環境が想像以上に荒廃している現実を直視する結果となった。それでも，大型のシーグラスや，釣り道具やおもちゃなど珍しい物を次々と収集していた。

A地点の手前に流れている一の谷川は水量が少なく，河口付近では殆ど地下を流れている様子だった。また，河口付近は小石が多く，そのような場所にはゴミが集まっていないことも確認できた。海岸は，ゴミが溢れていたが波打ち際は透明度の高い海水が打ち寄せており，B地点の防波堤に囲まれた海よりも奇麗であることが分かった。それぞれが採集した物は，研究室に持って帰り，真水に浸して塩抜きをして乾燥させた。

（事後アンケートより）

・貝殻も様々な色・形があり、お気に入りの貝殻を見つけて集めることが面白かった。

・遠くからでは見えない海岸の環境を見ることができた。普段気にしない漂着物に目を向け、ごみの多さに驚き、身近な環境問題として考える機会になった。

・自分が予想していたもの以外の漂着物が多く、拾うのに夢中になった。シーグラスが落ちていたが、逆を言えばガラスが海に捨てられ流されているということなのかと思い複雑な気持ちになった。

・整備されている、人の手が加えられている海岸と全く手が加えられていない海岸を比べると、漂流物や石、貝等の差が激しく、須磨海岸は人によって守られているのだと感じた。

・きれいな貝殻やシーグラスもあって、収集作業がとても楽しかった。たくさんの種類の貝殻を見つけて、色鮮やかで面白かった。

・誰でも宝探し感覚で楽しみながら自然と触れ合うのもよいなと思った。

・須磨駅前の海岸はきれいだったが、一の谷の海岸には漂流物がたくさんあった。これが須磨の真の顔と感じた。

(4) 漂着物調査

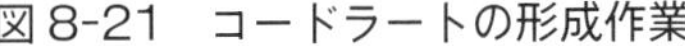

図8-21 コードラートの形成作業

図8-22 漂着物を集めて個数確認

10m四方のコードラートを作って調査に入った。3人～4人班での共同作業であったが，初めての経験に戸惑い，強風でテープが流され区画がなかなか定まらずに苦慮する場面もあった。海岸の幅が狭いため，3つのコードラートは，海岸線と並行してほぼ隣接して設定し，それぞれの区画で特徴が見られたが，共通して破片のプラスチック類が多く，確認した人工物の8割近くを占める結果となった。また，他の人工物も砕けた物で変質があり，同定するのに苦労した。結果は，表8-12の通りであった。

表8-12 海岸漂着物調査結果（分類別）

分　類	A-1	A-2	A-3	合計	分　類	A-1	A-2	A-3	合計
(1)プラスチック類	253	34	130	417	(6)ガラス・陶磁器類	19	15	12	46
(2)ゴム類	4	6	6	16	(7)金属類	14	1	15	30
(3)発泡スチロール類	13	1	5	19	(8)その他の人工物	0	0	4	4
(4)紙類	2	0	6	8					
(5)布類	1	1	6	8	合計(個)	306	58	184	548

(5) マイクロプラスチック調査

各コードラート内で，一辺20cmの正方形の区画を設定し採集器具を埋め込んで，区画内の砂等を約2.5cmの深さまで3カ所選んで採取した。海岸寄りから「海」「中」「丘」とネーミングした。

砂等は，袋の口を開け乾燥させて前述した手順に従って5mm以下の

図 8-23　A-2 地点でのサンプル採取（左から「丘」「中」「海」）

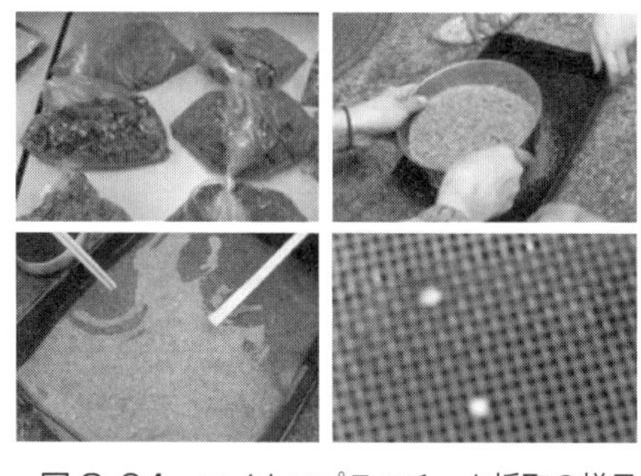

図 8-24　マイクロプラスチック採取の様子

マイクロプラスチックを採取した。始めのサンプルからは目視できない物がふるいをかけることにより選別できることに驚いた様子を示す学生もいた。また，水を入れて暫くは確認できなくても，撹拌を繰り返すうちに浮き上がってくる様子も確認できた。時間が限られた活動であったが，想像以上の個数が確認できたことは大きな収穫となった。この作業を通して，海岸のゴミ問題は，目視できる大きな漂着物以外にも微細な物が多くあることを実感し，環境問題を多面的な視点から捉えなおすことができたようである。（右下が 1mm のふるい上にあるマイクロプラスチック）

採取されたマイクロプラスチックの数は，最多で A-2「丘」の 46 個，最少は，A-1，A-2「海」の 0 個であった。「海」で殆ど見つからなかったのは，潮間帯にあるため波の作用で表層にあるマイクロプラスチックは海へ流れ出しているものと考えられる。今回の結果は目視できた物に限られた。また，それぞれのサンプルの採取に費やした時間は短時間

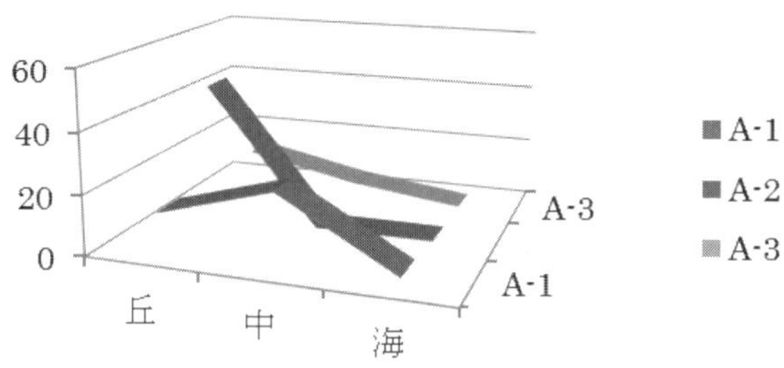

図 8-25　地点別場所別のマイクロプラスチックの数

であったため，別のサンプルで長時間，撹拌を繰り返していくと多くのマイクロプラスチックが浮き出てくる現象も確認できた。

(6)　漂着物アート

（事後アンケートより）

・思ったよりも多くのマイクロプラスチックが抽出されて驚いた。

・環境や生物に影響する物が目に見える物だけではないと実感できた。知識として知っているだけでなく自分で抽出し目で見て数えたことで、実際に自分に関わる問題として考えることができた。

・これからの子ども達に伝えていくことが必要になってくると危機感を覚えた。

・地球全ての海のマイクロプラスチックの量を考えると、それが海の生物に影響を与えているのは全て人間が捨てたゴミであることは怖いと思った。

・初めて実物を見て、思っていたよりも細かくて見つけ出すのが大変だった。海は今回の調査方法よりも深いので、より多くのマイクロプラスチックが潜在していると考え、不法投棄の規制を厳しくすべきだと感じた。

・砂の中にマイクロプラスチックがたくさんあることを知り、目に見えない漂着物も存在することを感じた。

・海の中で削られると、目視も難しいぐらいの小ささになることを初めて知った。

活動の締めくくりとして，ビーチコーミングで採集した漂着物等と紙粘土や消耗品を利用して作品作りを行った。制作の前に，NPEC の資料にあった大学生や小学生の作品写真を見せることでイメージが湧くようにした。本活動は，ゴミになる物，不用品として見なされる物を海岸から採集して，有用な活動の素材に転用することで自らが環境を見つめるきっかけとすることであった。作品の制作は，時間を忘れるくらい集中して行われ，一連の環境学習をまとめるにふさわしい時間となった。

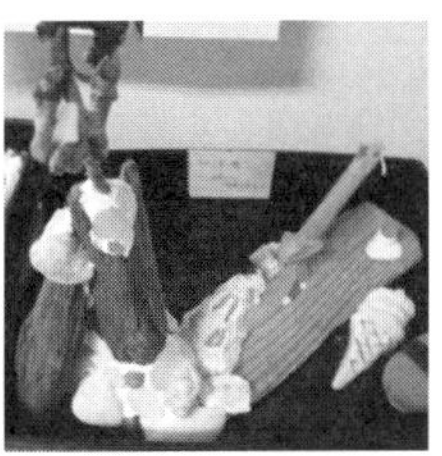

図 8-26　学生によるアート作品

(7) 事後アンケート

（事後アンケートより）

・漂着物をどのように生かすか、試行錯誤しながら作品を作ることが楽しかった。

・ゴミ減量の４Ｒに通じる。海を流れて形が変わった物や自然物特有の質感や見た目を生かしながら製作することで今までにない独特な作品ができて楽しかった。

・捨ててしまう物でアートをすることで、思いもつかなかった物ができた。

・環境を考えながら楽しく学べると思った。

・他のグループの作品を見ると、漂着物を土台に使っていたので、まだまだアートの可能性があると感じた。

・ゴミになる物もアートしたらオシャレになると思った。

最後に，事後アンケートを実施した。事前アンケートと比べると，図8-27，図8-28の結果となった。

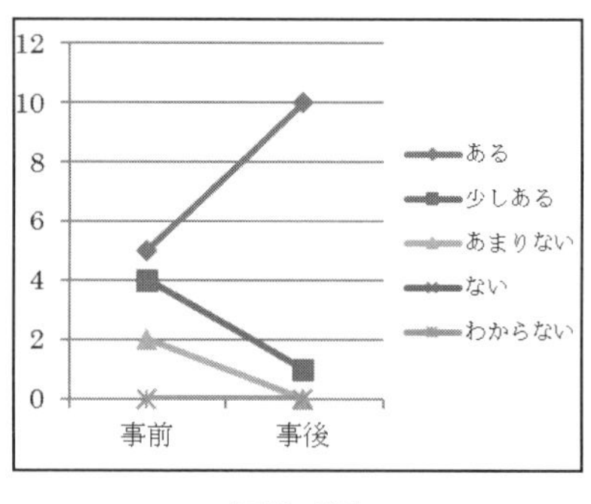

図 8-27
海岸の環境に興味はあるか（人）

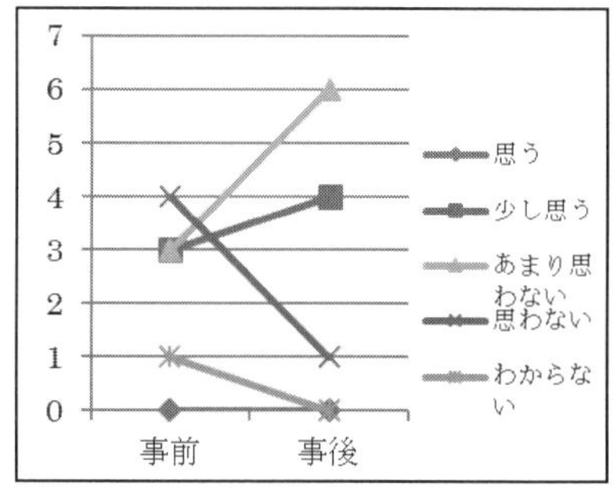

図 8-28
須磨海岸は美しい海岸と思うか（人）

海岸の環境への興味は，アクティブ・ラーニングとしての環境学習を主体的に行うことにより高まるとともに，大学生活における身近な自然環境である海岸の実態や環境問題に興味を高めることができるようになったと考えられる。一方，須磨海岸が美しい海岸であるかについては，意見が分かれる結果となった。それは，これまで実態を深く観察できなかった海岸の環境や事物に対して直接関わることにより多様な価値観や感覚を持つことに至った結果とも思われる。

4. おわりに

周囲を海で囲まれた我が国は，海岸は身近な環境であり，多くの恵み

（事後アンケート「研究活動についての感想や考察の自由記述」より）

・実際に調査活動を行うことで達成感があり、須磨海岸の環境にもより興味を持つことができた。教師になってからも、既存のデータを活用するだけでなく、子ども達と調査活動を行って進めていけたらいいなと思った。

・ビーチコーミングやコードラート法、マイクロプラスチックなど、将来的に自分が子ども達に教える立場になったときに役立つ貴重な体験だった。海の環境について知り、海洋ゴミ等について改めて考えることができた。

・漂着物は、私たちには関係のないことだと感じがちだが、活動を通してとても身近で毎日の行いがつながってくると考えた。みんなで何かをすることは本当に大切で、体験することは考えや発想が広がると改めて思った。

・大学から海が近いので実現することができた。この経験を生かして、子ども達に環境問題について考えてもらい取り組んでもらう事で、今後の日本の環境について知り実際に取り組もうとする姿勢が育つと考えた。

・初めて、マイクロプラスチックやビーチコーミングなどを知り体験することで、現在の海の問題や現状を知ることができ、さらに環境問題について学びたいと思った。海岸の美しさは人の手によって保ってはいるけれど、逆に汚しているのも人の手であることに改めて気付くことができた。

・漂着物は、物がそのまま流れていると思っていたけれど、分解されて漂着している物が多く、良い物ばかりではなく危険な物もあることを知った。環境学習を取り入れ、保全に努めて行ける子どもを育てたいと思った。

・実際に海岸に行って活動し新しい気付きもいっぱいあった。小学生にもできる内容だったので実践してみたい。

・ゼミで１つの研究活動に取り組むことができたのは、私にとって大きな財産になった。海の漂流物や環境についての奥深さをもっと知って、子ども達に環境の楽しさや面白さを知ってもらえるように伝えていきたい。

・目に見えないゴミが流れていることを知り、きれいな海だとしてもゴミが潜んでいることもあると感じた。子ども達も楽しく学習することができると思う。教員になったら、ぜひ取り入れたいと思う。

を与えてくれる場所である。しかし，近年の環境破壊や生態系の破壊，ごみ問題等により，自然の美しい海岸は汚れ，人々がレジャーを楽しむ海岸は人為的な操作が入り，人間にとって使いやすいように環境の再構成が行われている。

本学では，須磨海岸が身近にあり貴重な環境学習の場であると考えられるが，学生が自らの体験活動を通じて環境の豊かさや厳しさを感じ取り，自らの視点に基づいて気付きを深める機会が少なかった。そこで，大学生の環境教育として最終学年である４回生と共に，一連の環境学習を進めた。時間的制約があり十分な活動であったとは言い難いが，具体的な体験活動を進める中で，一人一人が身近な環境問題への気付きを深め地球環境問題へと繋げることができたのではないかと考える。また，事後アンケートで「教員になった際に，体験的な環境学習を子供達と実践しようと思うか」と尋ねたところ，11 人中 10 人が「思う」１人が

「少し思う」と回答した。これは，教員として環境教育の担い手として小学校の教育現場で推進していきたいと示したもので大いに期待したいものである。なお，その多くが，生活科や総合的な学習の時間での環境学習の実践を考えていることも示された。

謝辞

最後になりましたが，本研究に関わる先行研究の紹介や調査方法等のご示唆をいただいた公益財団法人環日本海環境協力センター（NPEC）調査研究部長　吉森信和様，環境学習実践者として主体となって活動しアンケートに協力していただいた神戸女子大学文学部教育学科金岩ゼミ4回生11人の皆様に深く感謝いたします。

参考文献・引用文献・インターネットサイト

1　UNESCO Digital Library The Belgrade Charter：a frame work for environmental education https://unesdoc.unesco.org/ark:/48223/pf0000017772（2018.10.28. 確認）

2　日本学術会議環境学委員会環境思想・環境教育分科会（2008）『学校教育を中心とした環境教育の充実に向けて』,p.5.
http://www.scj.go.jp/ja/info/kohyo/pdf/kohyo-20-t62-13.pdf（2018.10.28. 確認）

3　中西弘樹（2005）「海岸漂着物に注目した教育学部学生のための環境教育と海岸自然体験」『漂着物学会誌　第3巻』,pp.25-29

4　漂着物学会， http://drift-japan.net/?page_id=74（2018.10.28. 確認）

5　公益財団法人環日本海環境協力センター（2018）『NEAR プロジェクト海辺の漂着物調査報告書』

6　磯辺篤彦（2013）「海ごみの科学―漂流・漂着のメカニズムと研究の最前線―」『生活と環境 9』一般財団法人日本環境衛生センター

7　公益財団法人環日本海環境協力センター（2016）『漂着物アート制作体験会実施のための手引書』,p.1.

（付記）

本章は，下記の論文を加筆・修正して再構成したものである。

金岩俊明（2020）「須磨海岸における環境学習の実践活動―ビーチコーミング及び漂着物調査を通して―」神戸女子大学文学部教育学科教育諸学研究 33,pp.75-88.

あとがき

21世紀の教育を展望するという使命を背負って登場した生活科は，令和時代に入って小学校教育において存在感は高まってきたのだろうか。新設当初，文部省教科調査官の中野重人氏は「吹けば飛ぶような生活科」と話されたことが，今でも鮮明に記憶として残っている。

平成29年改訂の小学校学習指導要領では，誕生以来ほぼ不変であった生活科の教科目標が，3つの資質・能力に沿って書き改められた。しかし，生活科は，その表現においても「知識及び技能の基礎」「思考力，判断力，表現力等の基礎」と「～の基礎」という文言が添えられ，これらを明確に分けることは困難であるとの独自の見解が示された。その表記からも幼稚園教育要領との関連が明確に維持された結果だと言えよう。

また，生活科の究極の目標が，以前は「自立への基礎を養う」であったのが，教科目標のリード文に「自立し生活を豊かにしていく」と示された。生活科を学ぶことは子ども一人一人の生活を豊かにすることに繋がらなくてはならないのである。つまり，子どもは成長し自立へ向かう過程において周りの多様な環境との関わりが生まれ，今の自分に自信を持ち，将来に向かっての夢や希望が膨らむというストーリーである。このように，生活科は教科名そのものを体現し，低学年の子どもの生き方を方向付ける羅針盤としての役割が明確化された。

近年，幼児教育の育ちを小学校教育にどう接続させるかを課題にする研究会に関わらせていただく機会があった。幼児の個別の育ちをていねいに分析し，小学校の学びと繋げる研究である。「幼児期の終わりまでに育ってほしい10の姿」から，一人一人の様子を思い浮かべて遊びの意味を解釈する過程は，教員として充実した時間であった。生活科は，その誕生理由が，幼小の保育・教育の架け橋作りであり，コア教科としての役割をこれからも果たし続けると確信している。

本書では，生活科の8つの原点を探究した。不十分な内容ではあるが，生活科にあってはその原点を常に見返す必要があると考えている。その理由として，生活科は，低学年教育の問題点を探り，誕生させるためにおおよそ四半世紀の時間を要したからである。学問領域を背景としない生活科を形づくるために，全国で活発に行われた合科的又は総合学習の優れた実践研究が慎重に検討され，取り入れられた結果であった。また，新設に先だって全国の都道府県に設置された研究指定校の授業実践が活発に進められた。それらの努力は，令和時代の生活科の特色ある実践に引き継がなければならないからでもある。これまで，生活科の学習内容の本筋はほぼ不変であり，日々の授業は教師と子どもとのドラマティックな活動で成り立っているからであり，そのスタンスは不変でいてほしい。

教職課程で，生活科の最初の講義で思い出を想起してもらうことにしているが，生活科で学んだ活動や体験は少しのヒントを示すと楽しかった授業の姿として具体的に記述してくれることが多い。低学年にしか存在しない教科ではあるが，学校生活や地域社会に根ざし，人生の「ふるさと」を生みだすかけがえのない教科であることは疑う余地がない。

生活科に魅せられた一人として小著をまとめたのであるが，願いは，生活科のスタートラインを大切にしたいという思いからである。つまり，我が国の教育遺産や誕生期の授業実践からの引き継ぎ，遊びを教育原理にする幼児教育との接続，学び方としての探究の理論，学習指導要領の根本理念，大学教育からの発信などの視点を常に見つめ研究したい。

最後になりましたが，生活科の研究が継続できたのは，小学校及び大学の教員生活において，温かくご指導ご支援を賜った多くの教職員の方々，授業を共に楽しんだ児童や教員への希望を見据えて積極的に学んだ学生の皆様のおかげであり，ここに厚くお礼を申し上げる。

僭越ながら，今後とも，「21世紀教育の道しるべ」としての生活科がますます進展し，子どもたちに愛される教科であることを願っている。

2021年(令和3年)11月

金岩　俊明

著者紹介

金岩俊明（かないわ としあき）

1957 年 12 月　大阪市生まれ
1980 年 3 月　滋賀大学教育学部小学校教員養成課程理科卒業
1980 年 4 月　大阪市立小学校教諭及び教頭（30 年間）
1996 年 3 月　兵庫教育大学大学院修士課程
　　　　　　学校教育研究科幼児教育専攻修了
2010 年 4 月　神戸女子大学文学部専任講師
2013 年 4 月　神戸女子大学文学部准教授　　現在に至る

文部省生活科実施推進校の大阪市立五条小学校で生活科創設期より生活科研究を始める。生活科新設後は，大阪府生活科実施推進会議，大阪市小学校教育研究会生活部等で研究を進める。

著書に『小学校生活科活動細案⑤第２学年の生活科②』（共著）明治図書，『子どもが生きる生活科の授業設計』（共著）ミネルヴァ書房，『総合的な学習につなげる生活科』（共著）小学館，『保育内容「環境」論』（共著）ミネルヴァ書房，などがある。

生活科の原点を探究する

2021 年 11 月 10 日　初版発行

著　者	金岩俊明
発行者	武馬久仁裕
印　刷	藤原印刷株式会社
製　本	協栄製本工業株式会社

発　行　所　　株式会社 **黎明書房**

〒460-0002　名古屋市中区丸の内 3-6-27　EBS ビル　☎052-962-3045
FAX 052-951-9065　振替・00880-1-59001
〒101-0047　東京連絡所・千代田区内神田 1-4-9　松苗ビル 4 階
☎03-3268-3470

落丁本・乱丁本はお取替えします。　ISBN978-4-654-02363-9